CLARA NUNES

Guerreira

Giovanna Dealtry

CLARA NUNES

Guerreira

Cobogó

SUMÁRIO

Sobre a coleção **O LIVRO DO DISCO**   7

Parte 1. GUERREIRA — A MULHER   9

1. Vem de lá, de muito longe, esse meu cantar   11

2. É samba, é batuque, é reza, é dança, é ladainha   19

3. Quando eu canto é para aliviar o meu pranto/
E o pranto de quem já tanto sofreu   31

Parte 2. *GUERREIRA* — O DISCO   51

1. Chamando pra roda   63

2. Luta e resistência   65

3. A batida do meu coração   73

4. Minha gente do morro   79

Parte 3. "CANTA, MEU SABIÁ!"   85

Agradecimentos   91

O LP *Guerreira*   93

Referências bibliográficas   97

Sobre a coleção O LIVRO DO DISCO

Há, no Brasil, muitos livros dedicados à música popular, mas existe uma lacuna incompreensível de títulos dedicados exclusivamente aos nossos grandes discos de todos os tempos. Inspirada pela série norte-americana 33 $^1/_3$, da qual estamos publicando volumes essenciais, a coleção O Livro do Disco traz para o público brasileiro textos sobre álbuns que causaram impacto e que de alguma maneira foram cruciais na vida de muita gente. E na nossa também.

Os discos que escolhemos privilegiam o abalo sísmico e o estrondo, mesmo que silencioso, que cada obra causou e segue causando no cenário da música, em seu tempo ou de forma retrospectiva, e não deixam de representar uma visão (uma escuta) dos seus organizadores. Os álbuns selecionados, para nós, são incontornáveis em qualquer mergulho mais fundo na cultura brasileira. E o mesmo critério se aplica aos estrangeiros: discos que, de uma maneira ou de outra, quebraram barreiras, abriram novas searas, definiram paradigmas — dos mais conhecidos aos mais obscuros, o importante é a representatividade e a força do seu impacto na música. E em nós! Desse modo, os autores da coleção são das mais diferentes formações e gerações, escrevendo livremente sobre álbuns que têm relação íntima com sua biografia ou seu interesse por música.

O Livro do Disco é para os fãs de música, mas é também para aqueles que querem ter um contato mais aprofundado, porém acessível, com a história, o contexto e os personagens ao redor de obras históricas.

Pouse os olhos no texto como uma agulha no vinil (um cabeçote na fita ou um feixe de laser no CD) e deixe tocar no volume máximo.

PARTE 1

GUERREIRA — A MULHER

1. Vem de lá, de muito longe, esse meu cantar

Sabiá, Claridade, Guerreira, Clara Mestiça, Mineira, Ser de Luz, Clarinha. Os diversos epítetos e apelidos identificados a Clara Nunes, ao longo de sua carreira, evocam facetas da personalidade da cantora de emissão vocal impecável, mas também a complexa trajetória da construção de sua identidade musical e performance, únicas no cenário da música popular brasileira dos anos 1970.

Esse longo caminho tem início no interior de Minas Gerais, na cidadezinha de Paraopeba, onde Clara Francisca Gonçalves nasceu no dia 12 de agosto de 1942. Filha de Manuel Ferreira de Araújo, o Mané Serrador, e Amélia Gonçalves Nunes, era a caçula de sete irmãos.[1] Perdeu o pai em 1944, quatro anos depois, a mãe. Coube aos dois irmãos mais velhos, José e Maria, a Dindinha, manter a família unida. José tinha 19 anos. Maria, 17.

---

[1] O local de nascimento de Clara gera, ocasionalmente, alguma confusão. Na virada da década de 1930, os pais da artista se mudam para o povoado de Cedro, na época distrito do município de Paraopeba. É em Cedro que Clara nasce. Em 1953, Cedro é emancipado da cidade de Paraopeba e passa a ser denominado Caetanópolis.

Trabalhar não era uma opção, mas uma necessidade com a qual Clara e seus irmãos tiveram de lidar desde muito novos. Aos 14, ela começa a trabalhar como tecelã na Companhia Fiação e Tecidos Cedro e Cachoeira, fábrica que deu início ao crescimento do município. Em Belo Horizonte, cidade para a qual se muda aos 16 anos, junto com a irmã Vicentina, continua trabalhando na indústria têxtil.

Apesar das óbvias restrições econômicas de sua infância, a cantora, em inúmeras entrevistas, sempre fez questão de reforçar a ideia de liberdade ligada à vida no interior, ao espaço familiar e também à música. Ainda na infância, Clara costumava ganhar os concursos de talentos da cidade, cujos prêmios não passavam de latas de talco ou caixas de sabonetes. Mais tarde, começou a se apresentar nos programas de rádio da cidade vizinha, Sete Lagoas. É possível imaginar que o cenário musical da família fosse tomado pelos sons e representações do congado, das pastorinhas e das serestas. Será o pai, porém — de quem deveria ter pouquíssimas lembranças —, a primeira referência musical, invariavelmente, citada por Clara em entrevistas. Violeiro, integrante da Folia de Reis, Mané Serrador assume na memória de Clara o papel de mestre popular, unificando religiosidade, música e cultura. Se muitas dessas memórias terminaram, provavelmente, por se tornar concretas devido à repetição de histórias familiares, o vínculo entre cultura popular e música estará para sempre presente na formação pessoal da artista. Talvez, por isso, a ênfase em se definir como uma cantora popular e não "apenas" sambista.

Foi o samba, sem dúvida, o gênero por meio do qual a mineira se consagrou. Mas ser uma cantora popular significava cantar um Brasil miscigenado, no qual a música figuraria como expressão plena do encontro das três raças originárias de nossa formação. Para isso, entre 1969 e 1970, a pesquisa musical torna-se uma necessidade para Clara Nunes. A princípio centrado na produção de sambistas cariocas, o repertório da cantora mineira na década de 1970 expande-se de forma programática, passando a incluir outros ritmos, como o afoxé, o ijexá, a cantiga, o forró, o baião, mesmo o samba-canção, entre tantas outras referências musicais.

Essa trajetória não foi fácil e demorou até que Clara consolidasse seu lugar singular na história da MPB, unificando gêneros populares, sucesso de vendas e habilidade de lidar com os veículos de comunicação de massa, sobretudo a televisão. Mas antes de aprofundarmos essa análise é preciso acompanhar o percurso de Clara desde o início de sua carreira, em Belo Horizonte, até sua consagração no Rio de Janeiro.

A cantora chamou a atenção do compositor Jadir Ambrósio quando se apresentava em uma quermesse. Daí, foi um passo para integrar programas da emissora estatal Rádio Inconfidência. Adotou, então, o sobrenome Nunes, de sua mãe, abandonando em definitivo Clara Francisca. Em 1961, ganha a fase regional do concurso "A Voz de Ouro", patrocinado pela indústria de rádios e televisores ABC, interpretando "Serenata do adeus", de Vinicius de Moraes. Na etapa nacional, Clara ficou em terceiro lugar, fato que a transformou em uma celebridade musical ao voltar à capital mineira. Passa a se dividir entre a carreira de *crooner*, programas de rádio e o comando de *Clara Nunes apresenta*, programa de entrevistas e números musicais da emissora Itacolomi, pertencente aos Diários Associados.

Em entrevista à jornalista Leda Nagle, em 1982, Clara afirma que estava bem financeiramente em Belo Horizonte, mas havia chegado o momento de decidir-se por Rio ou São Paulo, para dar início a uma nova etapa em sua carreira.[2] As emissoras regionais de rádio e televisão tinham uma força enorme naquele momento, mas se o artista almejasse projeção nacional era inevitável tomar o rumo das duas maiores cidades do país.

Estar em São Paulo ou no Rio de Janeiro, mesmo tendo alcançado êxito em outras regiões do país, significava, para a maioria dos intérpretes, ter que recomeçar a carreira do zero. Deveria provar não ser apenas um excelente cantor, mas alguém que unisse carisma, personalidade e uma presença única capaz de competir no disputado mercado fonográfico.

Em 1965, quando Clara chega ao Rio de Janeiro, segue para a Odeon, gravadora com a qual já tinha um contrato para a realização de dois álbuns, graças ao terceiro lugar conquistado no referido concurso "A Voz de Ouro". Aos olhos dos produtores e diretores da Odeon era preciso encaixar a novata em um nicho específico. Como já se tornou folclórico, a aposta da gravadora era tornar Clara uma espécie de "Altemar Dutra de saias", ou seja, priorizar as composições românticas. O primeiro LP, *A voz adorável de Clara Nunes* (1966), apresenta na capa uma bela moça de longos apliques e o repertório recheado de canções dramáticas e boleros. O resultado alcançou pouco mais de 3 mil cópias vendidas. Um desastre.

Décadas de distância facilitam o diagnóstico desse fracasso. Em síntese, podemos dizer que desde o fim dos anos 1930 até os anos 1950, o cancioneiro foi tomado por dezenas de intérpretes e compositoras surgidas nos programas de rádio. Se o samba era a tônica dos anos 1930, nas vozes de Carmen

---

[2] Entrevista veiculada no *Jornal Hoje*, da TV Globo. Disponível no endereço https://www.youtube.com/watch?v=n69YtkF8jh4XXX. Último acesso em 10/8/2018.

Miranda, Emilinha Borba, Marlene, das irmãs Linda e Dircinha, as décadas seguintes viram o samba-canção ganhar espaço. Era a vez de nomes como Angela Maria, Dolores Duran, Maysa Matarazzo, Nora Ney, entre tantas, consolidarem a imagem das cantoras de "dor de cotovelo". Legiões de fãs cresceram junto com o sucesso dessas divas, facilitando a permanência do estilo até o começo dos anos 1960. Algumas dessas cantoras, como Elizeth Cardoso, referência musical máxima para Clara Nunes, migraram para a bossa nova, passando a transitar entre diferentes gêneros musicais, incluindo o samba.

Coube aos cantores, como Nelson Gonçalves, Altemar Dutra e Orlando Silva, darem continuidade ao sentimentalismo no início dos anos 1960. Quando a Odeon pensa em posicionar Clara como uma cantora romântica, a aposta era, podemos supor, que a juventude e a voz bem projetada de Clara trouxessem fôlego a um gênero sem a presença de novas estrelas.

No entanto, os tempos tinham mudado e os jovens que sofreram com a morte precoce de Dolores Duran, aos 29 anos, em 1959, que ecoavam a fossa de Maysa, não buscavam mais consolo na dramaticidade das canções de amor. A geração do início dos anos 1960 dividia-se entre a bossa nova, avessa à grandiosidade das vozes impostadas dos anos 1950, o iê-iê-iê da Jovem Guarda, com sua performance americanizada, e os ídolos surgidos nos festivais da canção, norteados por repertórios fortemente politizados. Anos mais tarde, o Tropicalismo surgiria, despertando paixões extremadas com sua mistura de gêneros musicais e uma leitura inovadora do Brasil. O cenário musical e cultural mostra-se extremamente heterogêneo, formado por jovens músicos, compositores e intérpretes apaixonados por esse momento de renovação e também por gravadoras, colaborando na formação de novos públicos consumidores.

Além disso, a televisão começava a investir pesado em programas musicais e no patrocínio de festivais. *O fino da bossa* (1965-67), comandado por Elis Regina e Jair Rodrigues, na TV Record, a *Discoteca do Chacrinha*, que passou por diversos canais, e os festivais nacionais e internacionais, transmitidos pelas emissoras Excelsior, Record, Rio e Globo, transformaram a música em algo a ser experienciado também na sala de casa.

Nessa cena musical, cultural e política extremamente ampla e complexa não seria mesmo fácil para uma garota recém-chegada ao Rio, sem uma rede de conhecidos, tornar-se um sucesso cantando gêneros românticos. Era preciso encontrar um estilo, um repertório, enfim, um lugar para a voz de Clara.

Entre os anos de 1966 e 1969, Clara foi presença constante nas revistas populares que acompanhavam o dia a dia dos artistas. Participava de programas de rádio e TV, além de ser presença em festivais universitários da canção. A Odeon tentava investir na carreira da artista a partir de uma estratégia arriscada: por um lado, apostava na ampla exposição da jovem, por outro, escolhia um repertório por demais eclético que passava do samba-canção ao bolero, flertando aqui e ali com alguns sambas.

A falta de unidade de repertório, de uma produção musical arrojada, refletiu na vendagem dos dois discos seguintes. *Você passa e eu acho graça* (1968) vendeu 6.900 cópias e *A beleza que canta* (1969) teve apenas 6.500 discos vendidos.

Em entrevista aos radialistas Antonio Celso, Cunha Neto e Edson Guerra, na Rádio Bandeirantes, em dezembro de 1981, Clara Nunes fala desse momento inicial:

> Eu chegando de Minas pra gravar (...) não tinha como exigir da Odeon: "Olha, eu quero gravar tal coisa, então eu fui, vamos dizer,

quase obrigada a gravar esse repertório. Embora, como eu fui *crooner* muito tempo, em Belo Horizonte, eu tinha muita facilidade de interpretar outros ritmos, samba-canção, samba, bolero, marcha-rancho. (...) Mas eu, dentro de mim, eu tinha certeza de que não ia dar certo. Eu só iria ser reconhecida no país no dia que eu cantasse samba."[3]

E a filha de Ogum com Iansã tinha razão.

---

[3] Entrevista publicada no endereço https://www.youtube.com/watch?v=tcOl8aS2ZS0. Último acesso em 20/8/2018.

2. É samba, é batuque, é reza, é dança, é ladainha

Antes de avançarmos, é preciso dizer que não tenho a intenção de traçar um extenso perfil biográfico de Clara Nunes na primeira parte deste livro. Destaco certas passagens da vida da artista, algumas até secundárias, no intuito de compreender a transformação da cantora de boleros em intérprete de composições ligadas, sobretudo, às religiões afro-brasileiras, até o fortalecimento de sua imagem como cantora popular de um Brasil culturalmente miscigenado. Para tanto, é também preciso considerar a formação do repertório, a importância da espiritualidade de Clara, as redes de contato estabelecidas pela cantora, bem como a força de sua interpretação e performance cênica.

Ensaio caminhar por encruzilhadas onde as descobertas pessoais de Clara, como a aproximação com os compositores da Portela e o encontro com a umbanda, contaminam canto, repertório e performance. Procuro inscrevê-la no jogo entre elementos biográficos, o canto e a diversidade cultural e musical brasileira. Clara, aqui, não se fixa, mas desloca-se constantemente entre a profusão de elementos que compõem sua vida pessoal e sua carreira.

Nesse sentido, 1969 é o momento decisivo do "nascimento" de Clara Nunes como cantora popular. Depois do fracasso de *A beleza que canta*, a intérprete busca junto à Odeon a contratação de Hermínio Bello de Carvalho, de quem já era amiga, como produtor musical de seu próximo disco. Carlos Imperial, à época um dos diretores da gravadora e amigo da cantora, vetou o nome de Hermínio, e Clara, então, sugeriu Adelzon Alves.

Radialista, apresentador do programa "O amigo da madrugada", em que recebia diversos sambistas, Adelzon nunca havia trabalhado como produtor de discos. Se, como a própria imprensa da época gostava de frisar, o radialista "inventou" Clara Nunes, também podemos pensar o inverso. Clara "inventou" o produtor Adelzon Alves. É o encontro e a parceria desenvolvida a partir desse ponto que interessa.

O jornalista e pesquisador de samba Sérgio Cabral assim descreve "O amigo da madrugada" em sua coluna no *Diário de Notícias* (1/8/1974):

> Se você, leitor, estiver passando pela Rádio Globo, de madrugada, não deixe de dar pelo menos uma entrada no auditório para ver o programa de Adelzon Alves, que vai até às quatro da manhã. Estive lá na madrugada de ontem e, mais uma vez, fiquei fascinado.
>
> Diretores de escola de samba, cantores, compositores, sambistas do Rio e de Niterói, motoristas de táxi, admiradores de todos os tipos formam uma pequena multidão admirável e divertidíssima, extasiada pelas tiradas de Adelzon (...). É acontecimento que acho que não tem e nunca teve igual na história do rádio brasileiro.

Quando Sérgio Cabral documenta os bastidores do programa, "O amigo da madrugada" já tinha oito anos de existência.

Pelo pequeno auditório passaram, antes da fama, Paulinho da Viola, Martinho da Vila, além de compositores das quadras de escolas de samba, pouco conhecidos do público. Depois do sucesso ao lado de Clara Nunes, Adelzon daria início a uma bem-sucedida carreira como produtor, incluindo álbuns de João Nogueira, Roberto Ribeiro e Candeia.

Mais do que produzir apenas um disco, Adelzon queria construir um projeto de carreira para Clara, apresentá-la novamente ao mercado fonográfico, afastando, em definitivo, a lembrança de cantora de música romântica. A proposta era ousada, sem dúvida: fazer de Clara uma estrela brasileira, para ocupar o posto deixado por Carmen Miranda. Poderia ter sido um desastre, transformando Clara em uma caricatura de baiana, em um momento político-cultural de valorização da autenticidade regional. Clara e Adelzon jogavam com o talento, a presença marcante da cantora, a qualidade do repertório, mas também com a elaboração de uma imagem visualmente impactante, voltada para a televisão e os shows, de forma semelhante à relação estabelecida entre Carmen Miranda e o cinema.

O fator decisivo para a sustentação dessa nova imagem "audiovisual", termo usado constantemente por Adelzon Alves, foram as mudanças empreendidas por Clara em seu cotidiano. O convívio com os compositores ligados à Portela, a participação em shows de samba e, talvez o mais determinante, sua conversão à umbanda.

Em 1971, Clara começa a frequentar a antológica *Noitada de samba*, no Teatro Opinião. O objetivo do projeto era levar ao palco o melhor da música brasileira, em especial o samba. Para isso, Jorge Coutinho e Leonides Bayer, idealizadores da *Noitada*, uniam nomes da velha guarda, como Cartola e Nelson Cavaquinho, a jovens compositores e intérpretes em início de carreira, como João Nogueira e Leci Brandão. Para Jorge Coutinho, era fundamental desmistificar a visão folclórica da classe média em relação aos sambistas. "A grande parte dos produtores ainda está naquela de pagar aos apresentadores com cachaça. As pessoas pagam vinte contos para ouvir Maria Bethânia, mas não querem pagar o mesmo para ouvir Clementina de Jesus."[4]

Para o ex-funcionário do Copacabana Palace, oriundo da União Nacional dos Estudantes (UNE), a *Noitada* não trouxe dinheiro, mas amigos, como Clara e Benil Santos. Segundo Coutinho, Benil ligava e "dizia que queria que os artistas dele se apresentassem de graça. 'Quero que todo mundo vá pegar chão, pegar palco.' A Clara pegou suingue de palco no Teatro Opinião".[5]

Pouco tempo antes, em 1969-70, Clara Nunes foi apresentada ao universo dos sambistas da Serrinha e de Madureira por Adelzon Alves. Na casa do portelense Candeia, nessa época morando em Jacarepaguá, Clara fez seu pouso. Anteriormente, na companhia de Hermínio Bello de Carvalho, a cantora já tinha ido à Mangueira, além de ter participado dos desfiles da Vila Isabel e da Mocidade Independente de Padre Miguel. Mas é com os compositores da Portela que Clara inicia seu trabalho de pesquisadora musical de forma mais sistemática. Essas novas redes de trocas, por certo, fizeram reavivar a injunção entre religiosidade e musicalidade presente nas memórias de Clara.

Nascida em família católica, a cantora abraçou o kardecismo aos 14 anos e, em 1969, segundo diversas entrevistas, teria tido o encontro definitivo com a umbanda. Em entrevista à Rádio Jornal do Brasil, em 1978, a cantora conta que, após

---

[4] COUTINHO, Jorge e Bayer, Leonides. In: *Noitada do samba — foco da resistência*. Rio de Janeiro: Arquimedes, 2009, p.65.
[5] Idem, p.64.

a viagem à África, teria "voltado muito impressionada" por ter conhecido lugares sagrados e presenciado rituais religiosos. Ao retornar para o Brasil mergulharia na musicalidade e na religiosidade afro.[6]

Há alguns conflitos nessa declaração, já que sua primeira viagem à África foi em 1971. Mas não era raro Clara se confundir a respeito de datas. Certo é que Ivon Cury fez o convite à cantora e ambos se apresentaram na final do concurso Miss Angola, em janeiro de 1971. Nesse mesmo mês, Benil Santos a levou para Moçambique, para uma série de shows em hotéis e boates, como anunciado pelo jornal *Diário de Notícias*.

Para além da precisão cronológica, a umbanda entra para o cotidiano de Clara impregnando sua vida pessoal e profissional, tornando-se ponte entre um Brasil originado por uma forte estratificação social e racial e um canto popular marcado pela religiosidade afro-brasileira e pela contaminação cultural. Constantemente, Clara é instada a explicitar sua filiação religiosa, o porquê de usar branco e a falar de suas "superstições". O desconhecimento dos jornalistas sobre religiões de matrizes africanas contribuía também para criar um clima de confusão sobre a espiritualidade da cantora. Por outro lado, Clara nunca abandonou por completo o catolicismo; fez questão de casar-se com Paulo César Pinheiro, em 1975, sob os ritos católicos, em uma cerimônia celebrada por um padre amigo da família.

Mesmo nos anos 1980, quando não era mais novidade sua ligação de mais de uma década com a umbanda, a pergunta se

---

[6] Entrevista concedida aos jornalistas Luiz Carlos Saroldi e Ney Hamilton, veiculada na Rádio Jornal do Brasil, em 1978. Publicada no endereço https://www.youtube.com/watch?v=jFS-RzdUgcM. Último acesso em 10/9/2018.

repetia. Em 1982, em entrevista ao *Jornal Hoje*, transmitido pela TV Globo, Clara define-se como "uma pessoa espírita, acredito, pratico, respeito muito. Sou muito feliz dentro da minha religião".[7] Na entrevista à Rádio Jornal do Brasil, em 1978, Clara se define como espírita da linha do candomblé traçado, ou seja, com a presença também da umbanda.

Ao longo da vida, Clara frequentou três espaços ligados às religiões afro-brasileiras: a casa de Vovó Maria Joana, na Serrinha, em Madureira; a de Mãe Celina, em Salvador; e a Tenda Espírita Cabana de Xangô, de Pai Edu, também na capital baiana. Se a proximidade com Pai Edu ganhou maior espaço na imprensa nos primeiros anos da década de 1970, na casa de Vovó Maria Joana, Clara estabelece um espaço sincrético de afetos, espiritualidade e contato direto com a música. Na capa do LP *Brasil mestiço* (1980) transparece essa articulação. A imagem, registrada na Serrinha, mostra Clara com um longo vestido branco e Vovó Maria Joana com suas roupas de santo segurando seu inseparável cachimbo. Ambas dançam em cumplicidade, tendo mais ao fundo Mestre Darcy do Jongo, filho de Vovó Maria Joana, tocando o caxambu. É samba, é jongo, é reza, é afeto.

Não é exagero afirmar que Clara Nunes ocupa o papel de mediadora no panorama cultural, musical e religioso nos anos 1970. Repertório, performance, vestuário, entrevistas traduzem esse universo negro ainda considerado "exótico" para parte da população brasileira. Clara Nunes não foi a primeira intérprete, nem a única, a cantar os orixás. Eles já eram cantados anteriormente por João da Bahiana e J.B. de Carvalho, entre outros.

---

[7] Entrevista à jornalista Leda Nagle, veiculada no *Jornal Hoje*, em 1981. Publicada no endereço https://www.youtube.com/watch?v=n69YtkF8jh4XXX. Último acesso em 10/8/2018.

No entanto, ela foi capaz de compreender a linguagem dos veículos de comunicação de massa, colaborando na inserção e visibilidade das religiões afro-brasileiras para além dos territórios originais. Ao lado de outros nomes, como Martinho da Vila, trouxe o samba novamente para a sala de estar, após o sucesso do gênero nos anos 1930 e 1940, em um cenário musical amplamente dividido e que ainda lutava contra os avanços da crescente dominação do mercado fonográfico pela música americana.

O texto da contracapa de *Clara Nunes* (1971), assinado pelo próprio Adelzon Alves, oferece um caminho inicial para o entendimento da nova identidade construída pela artista:

> Meu cumpade, o negócio é o seguinte. A partir da música "Misticismo da África ao Brasil", que a moçada vem escutando todo dia, é só ligar a "caixa de conversa", CLARA NUNES toma uma posição bem definida das raízes da cultura popular brasileira.
>
> Neste LP, o SABIÁ num "brinca em serviço". Dá seu recado com músicas, sons e os refrões do candomblé e da "Puxada de Rede do Xaréu", estes últimos ligados à vida econômica, religiosa e artística da Bahia (folclore), que fazem parte da nova imagem que a cantora vem mostrando ao público nos seus shows, apresentações de televisão etc. Essa imagem é o aproveitamento das formas, cores, sons, ritmos etc. e tal da cultura popular brasileira.

"Misticismo da África ao Brasil" (Mário Pereira, João Galvão, Wilmar Costa), samba-enredo da Império da Tijuca, de 1971, já havia sido gravada por Clara em compacto e estourou nas rádios. No primeiro verso, a afirmação do vínculo entre territórios negros e religiosidade: "Eu venho de Angola/ Sou rei da magia/ Minha terra é muito longe/ Meu gongá é na Bahia." Em "Aruandê, aruandá" (Zé da Bahia), composição que abre o álbum, soma-se à relação religiosa territorial, a expressão do canto: "Minha gente abre a roda/ Eu acabo de chegar/ Trago coisas da Bahia/ Nas canções que vou cantar". *Clara Nunes* visa a construir a imagem da cantora muito mais ligada ao arco África-Bahia do que ao Rio de Janeiro, independentemente da origem das músicas e de seus compositores. "Ê baiana" (Fabrício da Silva, Baianinho, Ênio Santos Ribeiro, Miguel Pancrácio), um dos grandes sucessos do álbum, reafirma essa vinculação entre Bahia e religiosidade, à semelhança do samba de enredo da Império da Tijuca. Em depoimento para este livro, o historiador e pesquisador Luiz Antonio Simas explica que "Ê baiana", apesar de ser um samba autoral, foi "incorporado às giras de baianos de terreiros, como é o caso de 'Rádio Patrulha', de Silas de Oliveira, que de samba profano virou ponto do Zé Pilintra". Na outra mão desses fluxos constantes temos o "Misticismo da África ao Brasil", que cita pontos de umbanda em sua letra: "Saravá todo povo de Angola, agô."

Em relação à interpretação de Clara e aos arranjos do disco é possível notar certa oscilação entre as faixas. Algumas, como "Aruandê, aruandá", são marcadas por naipes de metais e vocais que ainda ecoam os arranjos dos festivais da canção. A interpretação de Clara, aqui, remete ao canto convocatório das plateias. Em compensação, a gravação de "Ê baiana" já aponta para o novo caminho a ser seguido pela "Sabiá": a marcação dada pela batida na palma da mão, a presença marcante de instrumentos percussivos, o canto aberto. O disco tem arranjos de Lindolpho Gaya, Orlando Silveira, Nelsinho e José Roberto. Por certo, essa pluralidade de visões contribuiu para o efeito final não homogêneo, mas é nas gravações arranjadas por Lindolpho Gaya, como as citadas "Ê baiana" e "Misticismo da África ao Brasil", que Clara se aproxima mais da ponte África-Bahia.

As 24 mil cópias vendidas, maior do que a soma da vendagem dos três discos anteriores, deram a Clara e à EMI-Odeon a certeza de persistir nessa direção. Nos trabalhos seguintes, testemunhamos a solidificação de sua imagem ligada às raízes africanas e à cultura baiana, ainda que muitos dos sucessos nascessem da lavra de compositores cariocas ou ligados às escolas de samba do Rio, em especial à Portela.

É nesse momento que Clara começa a concretizar os planos para sua carreira idealizada na encruzilhada entre espiritualidade e um vasto repertório de sonoridades e temáticas afro-brasileiras. "Eu vim da Bahia" e "Eu venho de Angola" são versos que traduzem a orientação musical e cultural da cantora, reforçada pela adoção de vestes africanizadas, vestidos brancos e guias, remetendo aos trajes do candomblé e da umbanda.

Nos discos seguintes despontam uma grande variedade de gêneros, de sambas de enredo até jongos, cujas temática e musicalidade giram em torno das heranças trazidas para o Brasil pelos povos africanos. Desse grupo, entre os anos de 1972 e 74, podemos destacar "Tributo aos orixás" (Mauro Duarte, Noca e Rubem Tavares), "Ilu Ayê (Terra da Vida)" (Cabana e Norival Reis — samba de enredo da Portela no ano de 1972), "Conto de areia" (Romildo Bastos e Toninho Nascimento), "Nanaê, Nanã Naiana" (Sidney da Conceição) e "Sindorerê" (Candeia), entre outros.

Talvez o refrão do potente "Ilu Ayê (Terra da Vida)" seja capaz de sintetizar o caminho priorizado pela mineira, que se fez baiana, carioca, mestiça: "É samba, é batuque, é reza/ É dança, é ladainha/ Negro joga capoeira/ E faz louvação à rainha." Os elementos, colocados de maneira sequencial, se somam no campo semântico cultural da presença negra disposta no referido arco Brasil-África. A diáspora africana culmina na afirmação de elementos que operam no apagamento de fronteiras e em múltiplas direções. Negro joga capoeira — no Brasil — e saúda a Rainha Ginga, símbolo supremo da resistência angolana no século XVII. É possível notar o pensar e o fazer africanos atravessando tempos e espaços, expressos no repertório escolhido.

Simultaneamente, Clara percorre diferentes aspectos da presença negra no Brasil, louvando o hibridismo cultural, mas escapando do mito da cordialidade trazida pela miscigenação.

> Hoje o olhar de mamãe marejou, só marejou
> Quando se lembrou do velho, o meu bisavô
> Disse que ele foi escravo, mas não se entregou à escravidão
> Sempre vivia fugindo e arrumando confusão
> ("Coisa da antiga")

> Um lamento triste
> Sempre ecoou
> Desde que o índio guerreiro
> Foi pro cativeiro
> E de lá cantou
> ("Canto das três raças")

Se comparada a nomes como Chico Buarque e Geraldo Vandré, Clara estava longe de emular o perfil da cantora politizada. Pelo menos publicamente eximia-se de opinar sobre a ditadura civil-militar, ainda mais depois de ter sido "convidada" a gravar "Olimpíadas do Exército", uma sofrível marchinha de carnaval ufanista, e se apresentar em 1971 no referido evento. Preço pago pela ousadia de ter gravado "Apesar de você", de Chico Buarque. Mas não deixa de ser interessante pensar no recurso usado por muitos compositores da época de cantar o passado em referência ao presente. Assim, Clara, depois de pagar seu tributo ao Exército brasileiro, anos mais tarde grava "Menino Deus", dos parceiros Mauro Duarte e Paulo César Pinheiro, e estranhamente não sofre com a censura. Independentemente da intenção dos compositores, hoje, torna-se muito difícil não ligar esse samba evocativo da liberdade a um "amanhã há de ser outro dia".

A flor se abriu, a gota de orvalho brilhou
Quando a manhã surgiu
Nos dedos de Nosso Senhor
A paz amanheceu sobre o país
E o povo até pensou que já era feliz
("Menino Deus")

Parece-me menos significativo se há ou não intenções assumidamente políticas na escolha de repertório da cantora — é provável que não haja; mais produtivo seria perceber quanto este repertório, ao longo dos 12 álbuns individuais produzidos a partir de 1971, formula uma rede complexa de discursos sobre a resistência negra em terras brasileiras. E essa narrativa inscrita nas gravações pode ser lida sincrônica ou diacronicamente, possibilitando interpretações diversas.

Não posso deixar de mencionar neste capítulo o samba, que, para mim, sintetiza a união entre luta e religiosidade negra em meio à sociedade brasileira. "Nanaê, Nanã Naiana", de Sidney da Conceição, homenageia a orixá Nanã Buruquê, a avó, a mais velha das orixás femininas, ligada à origem, mas também à morte. A letra remete ao passado colonial brasileiro, quando a escrava Nanãe é encarregada de ninar a sinhazinha. A tensão se estabelece entre o dever de adormecer a criança e a necessidade de ir "pra debaixo do pé de café/ fazer canjerê...".

Segundo o Novo dicionário banto do Brasil, de Nei Lopes, canjerê pode significar: "(1) Reunião de pessoas para práticas fetichistas. (2) Feitiço, mandinga. (3) Dança profana dos negros (Belo Horizonte). (4) Alimento preparado com camarão seco, castanha e amendoim (Rio de Janeiro)."[8] Descartada a definição 4, canjerê ganha um sentido transgressor. Quem sabe uma dança proibida pelos senhores de escravos? Quem sabe uma mandinga?

O feitiço seria útil, já que se a sinhazinha acordasse e chorasse, o "senhor mandava amarrar Nanaê/ E chibatar Nanaê". A escrava, nesse momento, incorporava Nanã Buruquê e não sofria com o açoite. Tinha o corpo fechado.

A parte final desse batuque sociorreligioso marca a herança recebida pela sinhazinha. O canto de Nanaê manifestando-se no corpo branco da menina. Pode-se ler essa passagem como símbolo de um Brasil conciliador, mas pode-se também pensar se não há aqui uma dose de vingança contra um sistema escravocrata. Um feitiço, um canjerê.

> Sinhazinha ninada, embalada no cantar da negrotina Nanaê
> Herdou todo o seu ser
> Hoje em noite de luana é sinhazinha
> Quem vai dançar na Mujungana, Nanaê (Ah!)
> ("Nanaê, Nanã Naiana")

Essa leitura é reforçada pelos arranjos, pelo ritmo da composição, além da interpretação. Clara traduzindo, ao acompanhar a velocidade do batuque, o sentido de luta e mesmo de raiva. O coral de vozes femininas, repetindo o refrão, corrobora a sensação de que Nanaê não está só, mas faz parte de uma roda ancestral de mulheres e orixás femininos.

---

[8] LOPES, Nei. *Novo dicionário banto do Brasil*. Rio de Janeiro: Pallas, 2012, p.75.

3. Quando eu canto é para aliviar o meu pranto/ E o pranto de quem já tanto sofreu

Mil novecentos e setenta e quatro foi um ano decisivo para Clara Nunes no plano profissional e pessoal. É nesse ano que ela é apresentada a Paulo César Pinheiro por Mauro Duarte, durante uma feijoada na Portela. Meses depois, ela terminaria o relacionamento amoroso e profissional com Adelzon Alves, casando-se com Paulo César Pinheiro no ano seguinte. O poeta e compositor passaria a produzir os discos de Clara, ao lado de Renato Corrêa, a partir de *Canto das três raças* (1976).

Voltando a 1974, Clara participa do Midem, maior feira mundial de empresas ligadas à música, em janeiro. E chega a Cannes ao lado do conjunto Nosso Samba, formado pelos percussionistas Barbosa (reco-reco e voz), Genaro (agogô e voz), Gordinho (surdo e voz), Nô (cuíca, pandeiro e voz), Carlinhos (cavaquinho e voz) e Stênio (reco-reco e voz), que a acompanhou até o final da vida. Dava, assim, continuidade aos planos de estender a carreira ao exterior, com especial atenção à Europa, onde já havia lançado o LP *Brasília*, voltado exclusivamente para o mercado estrangeiro. Em fevereiro, ao lado de Silvinho do Pandeiro, interpreta pela primeira vez o samba da Portela na avenida Presidente Vargas, onde eram realizados os desfiles oficiais do carnaval à época. A escola ficou em segundo lugar com o samba de enredo "O mundo melhor de Pixinguinha", de Evaldo Gouveia, Jair Amorim e Velha.

No segundo semestre, Clara celebra duas grandes conquistas: o lançamento do álbum *Alvorecer*, com as antológicas "Tristeza pé no chão", de Mamão, e "Conto de areia", da parceria Romildo Bastos e Toninho Nascimento, e a estreia do espetáculo *Brasileiro, profissão esperança*, no Rio de Janeiro, que deu origem ao disco homônimo. Clara e Paulo Gracindo, seu parceiro no palco, interpretam canções e crônicas de Dolores Duran e Antônio Maria, respectivamente, no show com texto de Paulo Pontes e direção de Bibi Ferreira. O espetáculo, que já tinha sido encenado anteriormente com Ítalo Rossi e Maria Bethânia, bateu o recorde de público do Canecão.

Clara já demonstrava domínio de cena adquirido nas apresentações em casas de shows, programas de tevê e por ter estrelado em *Poeta, moça e violão*, ao lado de Vinicius de Moraes e Toquinho, em 1973. Contudo, a participação em *Brasileiro, profissão esperança*, no ano seguinte, permitiu-lhe, como a própria cantora disse em entrevista ao jornal *O Globo*, experimentar um novo gênero musical e começar "como atriz, tendo uma professora como Bibi Ferreira".[9] A crítica Bella Stal assim descreve a participação da Sabiá no show: "Quanto a Clara Nunes, deixa de lado a imagem quase exclusiva de sambista que estava formando nos últimos tempos para mostrar que pode muito mais, embora em alguns momentos não chegue a atingir o clima exato da interpretação."[10]

Pelo olhar da jornalista, o samba é apresentado como um gênero menor, incapaz de revelar todo o potencial vocal e inter-

---
[9] *O Globo*, 12/9/1974.
[10] *Jornal do Brasil*, 16/9/1974.

pretativo da cantora. Fica claro, e sem dúvida essa é uma questão ainda nos dias de hoje, como o sambista não é visto como um cantor de música popular brasileira, enquanto, por exemplo, nomes como Chico Buarque de Hollanda quando compunham ou interpretavam sambas não perdiam espaço dentro da sigla MPB. Pelo contrário, eram vistos como pessoas capazes de circular entre a canção e os gêneros populares.

Não por acaso, o produtor de *Brasileiro, profissão esperança* era Benil Santos. Esse dado é importante quando pensamos que naquele momento Clara e o empresário já viam a necessidade de afastar o rótulo de "sambista de macumba" da cantora. Aqui, começamos a pisar em um novo terreno. A popularidade de Clara nunca foi tão alta quanto em 1974, especialmente após o estouro de *Alvorecer*. Com esse álbum e *Claridade* (1975), cuja venda ultrapassou a barreira do meio milhão de cópias vendidas, as quebras sucessivas de recordes de vendagem a equipararam rapidamente a Roberto Carlos. Nunca nenhuma outra mulher havia atingido tal patamar. E foi com um repertório composto majoritariamente por sambas que ela alcançou tal feito.

No entanto, a resistência a ser tachada de "sambeira", mistura de sambista e macumbeira, segue em um crescente. Clara não abandona sua espiritualidade em momento algum, expressa não só no seu repertório, mas também nos números musicais gravados para o *Fantástico*, nas roupas que escolhe para suas apresentações, no seu gestual inimitável que reverencia os orixás. O que podemos depreender de suas entrevistas é o incômodo de se ver reduzida a uma cantora de determinado nicho, apesar de ter gravado gêneros musicais diversos.

Em entrevista à revista *Amiga*, em dezembro de 1977, Clara assim se define:

> Os que assim me rotulam [cantora de candomblé], esquecem que eu já gravei Caetano, Vinicius, Chico, entre outros. Em *Forças da natureza*, inclusive, cada faixa é de um estilo diferente. Também não aceito o rótulo de sambista, gosto de gravar o que é bom, que não precisa ser necessariamente samba.

Talvez se insinue nessa e em outras declarações suas o desejo de identificação com as camadas populares não entendidas como consumidoras exclusivas do samba urbano. Obviamente, para o amador, não conhecedor da diversidade musical, das festas e dos bailados brasileiros, muitas composições se confundem com a ideia genérica de samba, ainda mais quando Clara se apresenta com roupas brancas e guias. Mas por trás dessa visão hegemônica encontramos a cantora de maculelê, congada, ijexá, forró, baião e, é bom que se diga, de músicas românticas, fossem sambas líricos, fossem sambas-canção. Não se trata, portanto, de negar o samba ou o candomblé e a umbanda. Mas de afirmar, em primeiro lugar, que sua missão é cantar o povo e a diversidade da produção musical brasileira. Esse é o conceito de "Brasil mestiço" defendido por Clara em sua obra a partir dos anos 1970.

É preciso também diferençar o conceito de mestiçagem presente na obra de Clara do mito da democracia racial. Clara nunca cantou o Brasil do "mulato inzoneiro" e da "morena sestrosa", não fez do seu canto um modo de apagar ou atenuar o racismo e a história pregressa dos povos escravizados. A mestiçagem em sua obra é, antes de tudo, sinônimo de resistência às opressões de uma sociedade racista.

Tornou-se lugar-comum dizer que enquanto era produzida por Adelzon Alves, Clara gravava mais composições ligadas à religiosidade afro-brasileira e que a partir do encontro com

Paulo César Pinheiro ela teria "se sofisticado". Em 14 de janeiro de 1978, Jorge Segundo escreve uma longa reportagem sobre Clara Nunes para a revista *O Cruzeiro*. A abertura dá o tom.

> Uma mulher ameaça superar Roberto Carlos na vendagem de discos. A mineira Clara Nunes é o mais recente fenômeno da música popular brasileira, num país onde, tradicionalmente, mulher não vende disco. Clara já passou da marca de um milhão de LPs vendidos, apesar de a crítica reclamar que ela cada vez mais foge de suas raízes de sambista. Alguns dizem que sua sofisticação de estilo começou com o casamento com o compositor Paulinho Pinheiro. Os dois alegam que é preciso haver a mescla do popular, do social e do político, para que a música seja autêntica e de qualidade.

Alguns aspectos dessa passagem merecem ser brevemente pontuados porque retratam conceitos caros para a época, como a valorização da cultura brasileira. Em primeiro lugar, está a cobrança para que Clara permaneça ligada aos orixás, música genuína porque produzida pelo "povo". Por outro lado, a própria defesa do casal de que a "autenticidade" estaria presente nessa mescla entre popular, social e político sinaliza esse afastamento da compreensão de popular como algo ingênuo, *naïf*, da imagem do povo como alienado das questões sociais e políticas.

Essa discussão sobre cultura popular e "sofisticação", algo que distanciaria a obra do "povo", remete a meados dos anos 1960, quando a cultura popular, via organismos como a UNE, passa a ser vista como um meio de conscientização do trabalhador de sua condição de oprimido, desde que elaborada em consonância com as premissas do pensamento socialista.

Nesse sentido, o próprio conceito de "cultura popular" fica em xeque, já que o povo é aquele que não estaria consciente dos seus processos criativos e da elaboração de uma arte social.

De todo modo, o fortalecimento da censura após 1968 freou, quando não extinguiu de todo, como no caso do Centro Popular de Cultura (CPC) e do Teatro Arena, as experiências de integração de produções artísticas voltadas para a educação popular. Os anos 1970 assistiram, com isso, o crescimento de produções ligadas à cultura de massa; no campo da música, a luta era contra a invasão da música americana nas rádios e das trilhas internacionais de novela, campeãs de venda. Os representantes do chamado samba de morro e cantores como Clara Nunes passaram a ocupar uma posição de resistência popular diante dos avanços da produção cultural massificada, em especial a música pop americana distribuída pelas trilhas sonoras internacionais de novelas. Foi o samba produzido nos anos 1970 que uniu os dois polos vistos como opostos por parte da intelectualidade de então. É entretenimento de massa e é música popular brasileira como resistência cultural e social.

Uma nota no *Jornal do Brasil*, em 23 de abril de 1975, dá a dimensão da importância desse momento histórico para o mundo do samba.

> Sem ser consequência do carnaval, o samba continua em ascensão como um dos produtos brasileiros mais consumidos internamente. Esta semana, mais uma vez, em discos, entre os 10 mais vendidos no Rio, nove são de samba. Martinho da Vila, com 250 mil LPs, lidera a venda.
>
> O samba que, por sinal, andava muito por baixo, teve como um de seus grandes impulsionadores o produtor Adelzon Alves, tanto em disco como em rádio.

"Andava muito por baixo" diz respeito à vendagem de discos, é preciso esclarecer. Obviamente, os sambistas continuavam produzindo nas quadras, nos subúrbios e nos morros. O que não havia naquele momento era interesse por parte das grandes gravadoras em investir no samba, especialmente a partir da ascensão da bossa nova, nos anos 1950, e do consequente declínio do samba-canção na década seguinte.

A esse respeito, Padeirinho da Mangueira, compositor da velha guarda, dá o recado irônico e preciso aos que veem na bossa nova uma superação do samba tradicional. Em "Modificado", o enunciador é um sambista que, em um primeiro momento, adere às transformações do gênero "desafinado". Mas, em seguida, percebe que tais modificações poderiam implicar o desaparecimento do samba carioca.

Gosto de um samba ritmado pra sambar
Também gosto de um sincopado pra dançar
Mas agora tudo é diferente
Já não se fala mais naquele samba de ritmo quente
("Modificado")

A bossa nova, nessa perspectiva apresentada por Padeirinho, deslocaria o gênero do corpo para a escuta. Mas com o crescimento das escolas de samba a partir dos anos 1960, e a popularização de rodas de samba e shows no Centro e na Zona Sul, como "O samba pede passagem", no Teatro Opinião, nomes como Cartola, Nelson Cavaquinho, mesmo gente da antiga como Clementina de Jesus, Pixinguinha, Donga, passam a ser reverenciados pelas novas gerações como bastiões do samba e da cultura popular. As profecias dos anos 1950 não se cumpriram e o samba ganha novos palcos.

A hipótese com a qual trabalho é que o estouro de vendagens de Martinho da Vila e Clara Nunes, nos anos 1970, deve-se não somente ao talento pessoal, mas também à rede formada por compositores de quadra, dos subúrbios, somados a nomes como Adelzon Alves, Benil Santos, Jorge Coutinho, Hermínio Bello de Carvalho, além de jornalistas como Sérgio Cabral. Paralelamente, encontramos a formação de um público heterogêneo, composto por uma juventude politizada, interessada na aproximação com a cultura brasileira "autêntica", mas também por representantes das camadas populares e média desejosos pelo reencontro com o "samba de ritmo quente".

A estreia em disco de Paulinho da Viola, João Nogueira, Beth Carvalho, Alcione, D. Ivone Lara, Roberto Ribeiro, Conjunto Nosso Samba, Candeia, Leci Brandão, Nelson Cavaquinho, Cartola, e tantos outros, entre os anos 1960 e 1970, prova que as gravadoras, em sintonia com a ascensão do gênero, começavam a investir pesado na formação de novos quadros.

Em entrevista a Elizabeth Carvalho, publicada nas páginas amarelas da revista *Veja* (1979), Sérgio Cabral traça um panorama da consolidação do samba como gênero de sucesso comercial, começando com a sua popularização entre as esquerdas nos anos 1960 até o momento de estouro de vendas a partir de meados dos anos 1970.

> Em 1961, quando promovi um seminário de música brasileira na antiga — e saudosa — Faculdade Nacional de Filosofia, os universitários descobriram Zé Kéti, Nelson Cavaquinho e Cartola, nunca tinham ouvido falar neles.

Vianinha, o dramaturgo Oduvaldo Vianna Filho, ligado ao CPC, estava na plateia nesse dia e propôs a Cabral que levasse o show-palestra para a UNE. Em pouco tempo, shows unindo diferentes gerações de sambistas ocupavam espaços como o antológico Zicartola, bar de Dona Zica, e o Teatro Opinião. Mas como salienta o próprio Cabral, "não se consumia samba. Não me lembro de nenhum samba que tenha chegado às paradas de sucesso". Ou seja, o samba — ou seriam os sambistas? — eram consumidos ideologicamente, dentro de uma esfera, natural naquele período, que identificava estar fora dos canais usuais de divulgação e consumo como um sinal de resistência ao domínio do capital.

Não à toa, portanto, o sucesso comercial de intérpretes e compositores de samba, como Martinho da Vila e Clara Nunes, passa a ser visto por essa parcela de críticos como uma espécie de retrocesso frente à luta pelos direitos do povo. O samba teria perdido o caráter reivindicatório emoldurado em versos como "O doutor chegou tarde demais/ Porque no morro/ Não tem automóvel pra subir/ Não tem telefone pra chamar/ E não tem beleza pra se ver/ E a gente morre sem querer morrer" ("Acender as velas", Zé Kéti).

O sucesso de Martinho da Vila, ao lado de Clara, vem junto, como afirma Cabral, com as críticas de caráter político a composições como "O pequeno-burguês" e "Segure tudo". Afinal, como compreender, pela ótica da revolução popular, versos como "Assegure o pão de cada dia/ Trabalhando com vontade"? Perdia-se, nessa leitura, a compreensão do discurso irônico, malandro, assinatura de Martinho.

Voltando ainda à entrevista de Sérgio Cabral, vemos que os anos 1970 testemunharam a queda de vários mitos em relação ao gênero, como "samba tipo escola de samba não vendia. Outra 'verdade histórica' desde os tempos de Carmen Miranda era que mulher sambista não vendia disco. Aí veio Clara Nunes e estourou, Alcione, Beth Carvalho vendia 400 mil discos nos grandes picos da novela *Dancing Days*, da Globo, que foi um dos principais veículos de propaganda para as discotecas. Foi realmente uma revolução" (revista *Veja*).

Essa revolução ampliou o alcance do samba para outras áreas do país e classes sociais, permitiu que sambistas de quadra, do morro, tivessem seus sambas gravados por grandes intérpretes, além de serem requisitados para shows e gravarem seus próprios álbuns. Desde a migração do samba para as rádios, nos anos 1930, não se via um salto tão grande em relação à difusão e comercialização desse gênero musical. Obviamente, as gravadoras ainda ficavam com a maior fatia do bolo e nenhum sambista tornou-se milionário. Mas, ao contrário do que se via com as primeiras gerações de sambistas, e mesmo com nomes como Cartola, que precisavam ter um emprego "formal", porque o samba (por vezes nem o emprego) não dava camisa a ninguém, muitos desses novos sambistas conseguiam viver do próprio trabalho: Martinho da Vila abandona a profissão de escrevente e contador para se dedicar integralmente à música; Paulinho da Viola demite-se da agência bancária em que trabalhava, instado, diga-se de passagem, por Hermínio Bello de Carvalho. O sucesso continuava sendo para poucos, e nem sempre para os melhores, mas os horizontes profissionais se alargavam para aqueles que lutavam para viver do trabalho musical.

Nesse novo panorama, a televisão logo entendeu quanto o projeto "audiovisual" de Clara, assim definido por Adelzon Alves, poderia render diante das câmeras. Desde Belo Horizonte, onde conduzia *Clara Nunes apresenta*, na TV Itacolomi, e depois no Rio de Janeiro, Clara se acostumou a estar nos *sets*, em especial nos programas de Chacrinha, José Messias e Flávio Cavalcanti. Mas foi no *Fantástico*, exibido na Rede

Globo a partir de 1973, que Clara construiu um acervo de 24 números musicais, entre apresentações individuais e ao lado de outros compositores e intérpretes, como Adoniran Barbosa e Paulinho da Viola.[11] Produzidos entre os anos de 1974 a 1983, os musicais foram em grande parte responsáveis por disseminar pelo país a performance voco-corporal da cantora unida a elementos e cenários que remetiam ao universo das religiões afro-brasileiras, incluindo aqui uma constante presença de locações externas próximas a rios, cachoeiras, praias. A presença constante de Clara no programa revela como a linguagem criada pela intérprete conseguiu o ineditismo de unir elementos vindos do candomblé e da umbanda, como os gestos referentes a cada orixá, à exigência da comunicação carismática com um público heterogêneo formado pela emissora de tevê. Basta ver um único desses quadros, a maioria disponível hoje na internet, para compreender, como se diz popularmente, que a câmera amava Clara.

Desde a gravação do primeiro número musical essa relação já transparece. "Conto de areia", samba de Romildo Bastos e Toninho Nascimento, foi o primeiro sucesso a ir ao ar na revista dominical. Gravado em estúdio, o cenário simula um terreiro. Antes de iniciar a música, ouvimos a voz de Clara em *off*: "Sábado, Oxum e Iemanjá dividem cores bonitas. Oxum gosta de amarelo, Iemanjá, de azul e branco. Oxum vai de feijão-fradinho e champanhe, Iemanjá vai de peixe, leite de coco e manjar." Enquanto isso, vemos três figurantes brancas representando Oxalá, Oxum e Iemanjá; as duas últimas admiram-se nos respectivos espelhos à semelhança das orixás vaidosas. No fundo

---

[11] DVD *Clara Nunes — Os musicais do* Fantástico *das décadas de 70/80*. EMI Music/Globo Marcas, 2009.

do cenário, seis homens negros tocam atabaques, simbolizando uma das funções dos ogãs.[12]

Em seguida, a câmera passa a mostrar Clara tocando com a ponta dos dedos a fronte e a nuca enquanto diz: "E domingo é dia das crianças, e a elas ofereço o meu canto." A partir daí, começa a apresentação de "Conto de areia", música que é até hoje indissociável da interpretação de Clara. Em frente aos ogãs, abre-se uma escada onde vemos nove orixás, todos representados por mulheres brancas, em poses estáticas, como em um altar. Oxalá está no centro da imagem, cercado por Oxóssi, Iemanjá, Oxum, Omulu, Ogum, Iansã, Xangô e Nanã Buruquê. Suas vestes respeitam as cores de cada orixá, assim como trazem nas mãos os respectivos símbolos, como o arco de Oxóssi ou o Ibiri de Nanã. Por sua vez, Clara apresenta-se como uma filha de santo estilizada: torso cor de prata; vestes largas brancas e prateadas; guias brancas, em uma referência a Oxalá; pés descalços. Por sinal, uma das marcas de Clara seria sempre apresentar-se descalça, da mesma forma que se entra sem calçados nos terreiros. Em primeiríssimo plano, vemos as comidas ofertadas aos santos em gamelas sobre toalhas dispostas no chão. Por fim, arranjos com velas e vasos de plantas se espalham por todo o cenário.

Clara apresenta-se entre as oferendas e o congá (altar) com movimentos e gestual referentes às danças e às religiões afro-brasileiras, como os toques de cabeça, específicos de cada orixá. A pluralidade de significados presente no musical aponta para cruzamentos entre cultura de massa, samba e elementos do candomblé e da umbanda. Clara, nessas circunstâncias, desempenha não somente o papel de intérprete musical, mas

---

[12] Programa *Arquivo N — Clara Nunes*, produzido pela GloboNews.

também de intérprete da religiosidade afro-brasileira. Cabe à mineira apresentar e saudar os orixás, conduzir o espectador pela pluralidade imagética do canto e da dança, para, no final, como nas casas consagradas, tudo terminar no compartilhamento das oferendas. O próprio canto de Clara em oferenda.

Longe do exotismo de uma religião que até bem pouco tempo era vista, pela perspectiva racista, como sinônimo de superstição e arcaísmo, a plateia domingueira encontra a doçura e o carisma de Clara como guias. O próprio samba "Conto de areia" é como um caminho de encantamento do universo religioso afro-brasileiro, no qual o sagrado se manifesta na própria natureza. Se o amado se perde no meio das águas de Iemanjá, ele torna a aparecer num ciclo contínuo, como requer o tratamento das lendas, pelas mãos de Ogum Beira-Mar.

Adeus, meu amor
Não me espera
Porque eu já vou me embora
Pro reino que esconde os tesouros
De minha senhora
("Conto de areia")

E aqui é preciso lembrarmos do crescimento de adeptos da umbanda nesse período, oriundos das classes média e média alta. A apresentação inaugural de Clara, no *Fantástico*, ao mesmo tempo em que empurra os limites do aceitável para a família tradicional burguesa e católica, seduz pela visualidade, pela beleza do canto, pela performance da artista.

Não se trata, portanto, de uma aposta no escuro, como talvez fosse hoje, em uma época de crescimento da intolerância em relação às religiões de matriz africana. Mas Clara Nunes simbolizava a ligação real com a espiritualidade, sem provocar a desestabilização no pensamento normativo da classe média. Ou seria mero acaso os orixás, mesmo os masculinos, serem representados por mulheres brancas? Não há também nessa escolha uma tentativa de domesticar o lado "ameaçador", desconhecido, da religiosidade negra?

Nessas circunstâncias, Clara, com seu canto e sua presença sem precedentes, age como mediadora entre territórios de saberes diversos. Canto e performance atravessam barreiras sociais, mas são também atravessados pela religiosidade, pela voz vinda de espaços marginalizados, pela compreensão que ela traz consigo da cultura popular brasileira.

A classe média, em especial, estava fascinada por aquela mulher de voz potente, canto aberto no peito e que não tratava de sua espiritualidade como algo apenas do âmbito do privado. Estava presente em seu canto, nas entrevistas, nos ambientes que frequentava, nas roupas, nos encartes dos discos, no cabelo vermelho com permanente afro, nas imagens de divulgação de seu trabalho.

Em vídeo publicado no YouTube, a cantora Fabiana Cozza, cujos CD e DVD *Canto sagrado* são uma homenagem ao percurso de Clara Nunes, entrevista Deli Monteiro, neta de Vovó Maria Joana, na casa da família, na Serrinha, a respeito da relação da cantora mineira com o sagrado. No breve depoimento de Deli revela-se a intricada rede cultural que contribui para a formação musical e espiritual de Clara. Levada pela primeira vez à Serrinha por Adelzon Alves, por sua vez amigo de Darcy do Jongo, Clara conhece, então, Vovó Maria Joana. Como afirma sua neta: "Aí ela já virou da casa. Ficava descalça, ficava à vontade. (...) Ela queria minha vó sempre ali com ela. Todos os lugares, ela sempre já ligava. 'Ah, Vó, queria que você fosse no camarim, pra botar um defumador lá, fazer um axé lá.' E aí, quando ela vinha pra cá [casa da família na Serrinha], era para ela se desligar, ficar à vontade, e quando tinha que fazer os preceitos dela, ela vinha cedo e ficava o dia todo (...) e ia embora bem tarde, não tinha hora pra sair daqui."[13]

Aqui é preciso abrir um parêntese para explicar a importância dessa "Deusa do Jongo/ Da umbanda, eu sei quem é/ É uma beleza suas preces e ladainhas". Nascida em 1902, em Valença, interior do Rio de Janeiro, logo Maria Joana mudou-se com sua família para a Mangueira, na região central da cidade, e, mais tarde, para o morro da Serrinha, no limite de Madureira com Oswaldo Cruz. Foi ali que ela reencontrou as tradições de sua infância, no cruzamento entre a batida do tambor e o sagrado. Foi nesse território que Vovó Maria Joana, além de jongueira, tornou-se mãe de santo, perpetuando, no saber das encruzilhadas, as funções de rezadeira e parteira.

Não é de estranhar a proximidade entre as duas mulheres. Ambas se irmanavam na música, nas tradições populares e no sagrado. E quando foi necessário para que o jongo não desaparecesse, Vovó Maria, ao lado do filho Darcy, de Candeia e outros músicos, soube descer o morro e levar as apresentações para o Teatro Opinião, em 1975, fazendo o caminho contrário ao de Clara. Como declara Vovó Maria Joana, demonstrando o sentido de transmissão do conhecimento próprio da cultura e das religiões de matrizes africanas: "Tudo tem seu dono. Nós não somos donos de nada. Mas o que nós recebemos temos que passar para a frente."[14]

---

[13] Publicado no endereço https://www.youtube.com/watch?v=B0rHqsDxVk0. Último acesso em 10/10/2018.
[14] *Jornal do Brasil*, 29/9/1975.

Clara, como cantora, nessas circunstâncias, passa pela rememoração familiar, pela ligação espiritual e afetiva com os terreiros que frequentou, pelo próprio terreiro/quadra da Portela, pela ancestralidade africana, até tornar-se uma mediadora entre esses espaços e a cena cultural e musical dos anos 1970. Clara presentifica em seu canto territórios e memórias distantes no tempo. Brasil mestiço em culturas, cantos e na resistência ao esquecimento da dor enfrentada pelo povo continuamente.

Daí resulta a junção entre espiritualidade e luta contra a desigualdade social, em especial as consequências das heranças escravocratas, mas também a valorização do que era tratado como "cultura popular", muitas vezes sendo preterido frente à chamada MPB. Por isso também é importante marcar a escolha de um repertório não apenas ligado à africanidade, mas que vai beber no cotidiano nordestino para além da Bahia; na figura do sertanejo, na diversidade de ritmos como o baião, o forró, a ciranda. Da mesma forma, aparece a valorização do samba-canção, considerado ultrapassado e "cafona" por parte da crítica e da juventude, ou de sambas líricos, presentes em todos os seus discos.

Se, no início deste livro, afirmava-se que Clara construiu um arco tempo-espacial, no início dos anos 1970, ligando a África à Bahia, a partir da metade da década, podemos ver a expansão desse eixo, tanto abarcando novas sonoridades populares como também incluindo questões sociais ligadas ao tempo presente. A denúncia do racismo, da divisão de classes, não se limita mais ao "tempo em que o negro chegava ao Brasil fechado em gaiola" ("Jogo de Angola"), ainda, obviamente, que cantar a escravidão seja cantar o racismo. Mas em composições como "Minha gente do morro" (Candeia/Jaime), incluída no disco *Esperança*, e "Cinto cruzado" (Guinga/Paulo César Pinheiro), em *Nação*, ouvimos a voz não conformada do representante do morro ou do sertão, do trabalhador, enfim, acuado pelo sistema de classes.

> Mudaram o meu povo pra longe, bem distante
> Aonde Deus não faz morada
> Que culpa tenho eu se nasci pobre
> Se não posso levar vida de nobre
> ("Minha gente do morro")

> Eh, vida de cão! Trabalha e nunca tem nada não
> Danação! Arrancando o couro pro patrão,
> Pros feitor e pros macaco, só pedindo proteção
> A Corisco, a Ventania, a Vorta-Seca, a Lampião
> Aí que eles vão ver como se dança o baião
> ("Cinto cruzado")

No texto da contracapa de *Esperança* (1979), assinado pela própria Clara, vemos termos como "sofrimento", "pobreza", quase antes ausentes dos primeiros discos — ligados muito mais ao "misticismo" e à religiosidade afro-brasileira —, surgirem como condição cotidiana do povo. A música, como esperança de um amanhã, que ecoa ao final de "Minha gente do morro".

> Era uma tarde de terça-feira, três de julho, no morro da Saúde, Rio de Janeiro. Os olhinhos inocentes e mãos firmes dessas crianças me mostrando a nossa resistência futura. Através deles, a esperança renascendo de novo e permanecendo viva diante de nós. Esperança para o prosseguimento de luta. Na verdade, que emana do sofrimento, da pobreza, da arte da gente dessa minha terra. Talvez um deles seja um líder de um povo, um homem da caridade, um libertador, um mártir, talvez. Talvez um músico.

Nisso, a minha fé, as minhas rezas, os meus amuletos e essa minha persistente esperança.

Em matéria sobre o disco, publicada na revista *Música* em fevereiro de 1980, a cantora declara: "É o disco que está mais Clara, Clara Nunes, foi tudo escolhido por mim." As fotos da capa, ao lado de duas crianças negras da Saúde, o nome do álbum, o repertório, tudo passava pelo crivo da filha de Iansã. "Deus me deu uma voz para que eu pudesse falar mais alto. Para que eu pudesse cantar as alegrias e tristezas da minha terra e da minha gente."

Nessas declarações, vemos que Clara caminha para uma junção de aspectos primordiais na estruturação de sua obra: a relação com a cultura brasileira, expressa, principalmente, na identificação com a umbanda, o candomblé e as tradições culturais e musicais brasileiras, e uma consciência crescente de que era preciso cantar os males sociais enfrentados pelos grupos subalternos, sem com isso perder a crença no futuro. A proximidade entre a fé e a transformação social.

Nesse eixo, além das composições já mencionadas, é possível incluir "Abrigo de vagabundos" (Adoniran Barbosa), "Ê favela" (Candeia/Jaime), "Canto das três raças" (Paulo César Pinheiro/Mauro Duarte), "Alvoroço no sertão" (Raymundo Evangelista/Aldair Soares) e "Minha missão" (João Nogueira/Paulo César Pinheiro), entre outras.

Não se quer aqui afirmar, até porque seria um grande erro, que Clara abandona, ou mesmo deixa em segundo plano, as composições dedicadas ao sagrado. Pelo contrário, essa continuará sendo a marca maior de sua identidade como cantora até sua morte precoce, em 1983. Mas é possível constatar nos álbuns pós-1975 uma presença significativa de composições que revelam aspectos das nossas injustiças sociais, especialmente o racismo, ao lado de uma pluralidade de sonoridades brasileiras, como forrós e baiões, que tematizam o cotidiano de lutas e festas no Nordeste.

Assim, vemos uma expansão de imagens de Brasis nesse curto percurso de 1970 a 1982, que não contradiz o propósito original de sua carreira, sua missão: "Quando eu canto/ É para aliviar meu pranto/ E o pranto de quem já/ Tanto sofreu" ("Minha missão", João Nogueira). O canto de Clara é, como diz a composição de João Nogueira, guiado pela luz do sagrado. Não se separam aqui religiosidade e a denúncia do açoite. Pelo contrário, em uma perspectiva afrocentrada, ambos os aspectos fundam a identidade negra no Brasil.

Mais do que fases musicais bem delimitadas, acredito que Clara buscava libertar-se do estereótipo, interessante para a própria gravadora, de intérprete de apenas um gênero, uma temática, e assim exercitar livremente sua fé, mas também sua atração pelos outros Brasis que ela sempre trouxe consigo em seu canto e corpo.

PARTE 2

GUERREIRA — O DISCO

Como se começa a analisar um disco de intérprete? Pelo repertório escolhido? Pelo lugar que determinado álbum ocupa na discografia do artista? Pela performance vocal? E, ainda mais complicado, como se escolhe um único disco, dentre uma obra repleta de sucessos como a de Clara, para dividir afetos, leituras, escutas com o leitor? *Guerreira* surge, frente à minha escuta/leitura contemporânea, como uma síntese não tão óbvia do percurso da artista. A começar pelo samba homônimo, uma espécie de autorretrato da mineira guerreira, passando por temáticas e sonoridades afro-brasileiras, a identificação de heranças de um país escravista, até o registro de compositores presentes desde 1970 em sua obra. Todos os elementos modulados pela interpretação de Clara, então no auge de seu domínio vocal e interpretativo.

Como nos trabalhos anteriores, desde 1971, o 11º disco da carreira de Clara Nunes cumpriu a tradição do sucesso de vendas. Já saiu da fábrica com 350 mil cópias vendidas e, segundo alguns jornais, chegou a um milhão de cópias. Na produção, pelo terceiro disco consecutivo, a dupla Paulo César Pinheiro e Renato Corrêa. Entre os músicos, nomes lendários como Wilson das Neves, Dino 7 Cordas, Luizão e Marçal. Além do coro formado por 13 vozes, entre elas Dinorah, Eurídice, Zenilda e

Zélia, componentes do grupo As Gatas, pouco lembrado hoje, mas que fez parte da história do samba carioca.

Mas vamos ao projeto gráfico. Em um círculo cor de ouro velho e vermelho o rosto de Clara surge de frente sem esboçar o mínimo sorriso, imagem rara na carreira da intérprete conhecida pelo sorriso franco. Se a capa de *Guerreira* prima pela simplicidade, a contracapa e os encartes oferecem leituras passíveis de articulação entre a trajetória pessoal e profissional de Clara.

Na contracapa, além da esperada correlação das faixas musicais e da ficha técnica, aparecem dois círculos na parte inferior. Dentro de cada um, desenhos de espadas cruzadas, flechas, o sol, entre outros símbolos ligados à umbanda. Também vemos a parte final do samba "Guerreira", uma saudação aos principais orixás iorubás que foram sincretizados no Brasil e a entidades da umbanda.

Os encartes foram impressos independentes um do outro e em formato circular. Reproduzem os círculos vistos na contracapa, sendo um na cor amarela e outro na vermelha. No verso, estão as letras das composições correspondentes ao lado A e ao lado B do disco. Os encartes, pelo seu formato, sinais e cores, referem-se diretamente aos pontos riscados da religião de matriz africana. Usualmente, o amarelo corresponde a Iansã (em algumas tendas espíritas Iansã é identificada com a cor rosa) e o vermelho a Ogum, os dois orixás aos quais Clara Nunes foi consagrada.

Os pontos riscados são círculos traçados pelos guias e protetores no chão do terreiro ou em uma placa de madeira com uma pemba, um tipo de giz específico para essa função. A partir da identificação dos desenhos é possível perceber qual entidade está se manifestando. Em termos leigos, o ponto riscado serve como um cartão de visita com o qual a entidade se faz reconhecer.

Não cabe aqui nos aprofundarmos na complexidade da liturgia da umbanda e de seus símbolos. Mas, sem dúvida, o álbum *Guerreira*, a partir da identidade gráfica, reforça os laços de pertencimento entre Clara e a cultura afro-brasileira, em especial por se afirmar como umbandista e abrir os trabalhos com a apresentação, e proteção, de Ogum e Iansã.

Seguindo essa trilha, a primeira faixa do lado A, o samba "Guerreira", pode ser como "o ponto musical" da própria Clara Nunes. Aqui, reconhecemos sua história, seus elementos de identificação, sua fé. Antes, no entanto, de começar a leitura de "Guerreira", de autoria de João Nogueira e Paulo César Pinheiro, é preciso recuarmos um pouco e escutar um outro samba, "Mineira", nascido da mesma parceria e gravado por João Nogueira no LP *Vem que tem* (1975, EMI-Odeon).

"Mineira" foi composta em homenagem a Clara Nunes e traz referências que serão retomadas, anos depois, em "Guerreira". A interpretação de João, influenciada por nomes como Wilson Batista e Geraldo Pereira, remete à tradição dos sambistas hábeis na quebra dos fraseados, proporcionando momentos de verdadeira malandragem, quando o canto ensaia fugir da linha melódica. Na primeira estrofe, no entanto, o sambista praticamente recita os versos, alongando o ritmo com suas pausas.

O enunciador dirige-se diretamente a Clara e a convoca a dar continuidade ao trabalho de iluminar o passado musical brasileiro, em um jogo intertextual com "Aquarela do Brasil" (1939), de Ary Barroso.

Clara
Abre o pano do passado
Tira a preta do cerrado
Põe rei congo no congá[15]
("Mineira")

João Nogueira e Paulo César Pinheiro, em vez de invocarem uma personificação do Brasil — conforme a composição do mineiro Ary Barroso, e como convinha aos nacionalistas dos anos 1930 —, a chamam por Clara, criando uma linha de contiguidade entre os dois sujeitos. Em "Mineira", há a defesa de um lado pouco mencionado da cantora, a de pesquisadora musical. Ao abrir "a cortina do passado", Clara é capaz de trazer à cena nomes de sambistas esquecidos ou desconhecidos das gravadoras e também abrir espaço para diversos gêneros musicais populares. Caberia, no entender dos compositores, a Clara Nunes dar continuidade a esse processo de reconhecimento dos ritmos afro-brasileiros, da pluralidade de gêneros que comporiam, como afirma o título de um de seus discos, "Canto das três raças".

Finda a primeira parte de "Mineira", entra-se de vez no samba, tanto no ritmo quanto na tematização expressa na letra. Estabelece-se um jogo semântico entre corpo/dança — samba, se embala, quebra, rebola, mexe etc. — em consonância com os instrumentos musicais — tantãs, cavaco — e a própria presença religiosa, na lembrança dos balangandãs das baianas e da saudação saravá à filha de Ogum e Iansã. Cria-se, assim,

---

[15] O verso ao qual é feita referência direta a "Aquarela do Brasil" é: "Ah! Abre a cortina do passado/ Tira a mãe preta do cerrado/ Bota o rei congo no congado/ Brasil, pra mim."

um pequeno retrato de Clara — mineira lutadora, religiosa, responsável pela continuidade do bom samba e pela renovação dos gêneros populares — que será retomado de forma mais expressiva em "Guerreira".

Em 1978, Clara não precisava mais provar sua competência e seu talento para ninguém, mas "Guerreira", retrato em primeira pessoa da artista, inicia-se de forma desafiadora. Ouve-se o batuque dos tambores e o som da queixada dando a marcação. A voz de Clara entra como se respondesse a quem se atrevesse a perguntar: Mas quem é essa mulher? "Se vocês querem saber quem eu sou/ Eu sou a tal mineira/ Filha de Angola, de Ketô e Nagô/ Não sou de brincadeira."

Estabelecem-se as primeiras "genealogias" de Clara, nascida em Minas Gerais e filha das nações do candomblé.[16] Regiões geográficas, culturais, históricas e simbólicas misturam-se para formar a mulher guerreira, característica marcante tanto de Ogum, o próprio guerreiro, sincretizado no Brasil com são Jorge, como de Iansã, orixá que traz consigo a espada com a qual comanda os ventos e as tempestades.

Se tomarmos o repertório escolhido por Clara como uma forma de autorretrato da cantora, percebemos quanto essas composições deslocam territorialiades, como África, Minas, Bahia, para uma concepção de espaço-tempo não sequencial nem contígua. A Minas de Clara se aproxima da África ancestral, por exemplo, transformando esses lugares em mitos de origem de um povo novo, originário da dor da separação da terra e da

---

[16] O termo nação refere-se aos diversos segmentos diferençados no candomblé no Brasil, seja pelo dialeto, seja pela origem geográfica dos homens e mulheres escravizados, seja pelo culto das divindades. As civilizações sudanesas são representadas pelo grupo iorubá ou nagô. Ketô é uma das nações desse tronco.

escravidão. Ao lado disso, notamos, em composições como as de Mauro Duarte e Paulo César Pinheiro, mas também nas de Nei Lopes, Romildo Bastos e Toninho Nascimento, Candeia, entre outros, alinhadas com uma profunda consciência histórica dos papéis impostos aos negros e negras e suas formas de reexistência.

Penso nesse percurso a partir do conceito de axé e terreiro como definidos por Muniz Sodré. Comumente traduzido como força ou poder, o axé é "o princípio-chave da cosmovisão Yorubá" constituída a partir de aspectos relacionais.

> A posse do axé implica algo que se pode chamar de "poderoso" ou "potente", uma vez que se trata de uma força de realização ou de engendramento. A palavra pode ser mesmo traduzida como "aquilo que deve ser realizado" (...)[17]

Apesar de o axé estar vinculado também ao que se planta, aos assentamentos dos orixás nos terreiros, Muniz Sodré relata que é possível encontrarmos iyalorixás e babalorixás sem terreiros, mas cuja força do axé produzia espaços para suas atividades. "O terreiro definia-se, assim, não por sua territorialidade física, mas enquanto centro de atividades litúrgicas e polo irradiador da força."[18] Não é exagero, portanto, aproximar-se de Clara Nunes como portadora do axé, dessa irradiação da força, elaborando espaços simbólicos para a criação do seu cantar.

Nesse sentido, o axé de Clara está profundamente ligado ao seu percurso pessoal, na descoberta e conversão para a

---

[17] SODRÉ, Muniz. *O terreiro e a cidade — a forma social negro-brasileira*. Salvador: Secretaria da Cultura e Turismo/Imago, 2002, p.94.
[18] Idem, p.95.

umbanda e o samba, como na construção de um poder, de uma palavra que não se separa de sua concepção de um Brasil de cantos compartilhados, interrelacionais, equilibrando assim as forças das trocas. Ou como a letra de "Guerreira" nos revela: "Dentro do samba eu nasci/ Me criei, me converti/ E ninguém vai tombar a minha bandeira."

A partir da letra de "Guerreira", podemos dizer que Clara "nasce" três vezes. Em Minas; na vinculação às origens religiosas afro-brasileiras, simbolizadas pelas nações do candomblé; e no samba. Esses três "berços" irão nortear o canto de Clara. Se, em especial, os grandes sucessos e a imagem pública de Clara a consagram como a cantora dos orixás, não é possível traçar uma aproximação com a cantora sem evocar a Minas interiorana, que, por sua vez, serve como metonímia para os outros Brasis fora dos grandes centros, e a vinculação de Clara ao mundo do samba, não somente como intérprete, mas como frequentadora de espaços comunais, como a Serrinha e a Portela.

É em meio ao samba de morro, gravando seus compositores e, paralelamente, descobrindo a umbanda, que nasce e se cria Clara guerreira, filha de Ogum e Iansã, em um processo de conversão tanto musical — saindo do bolero para o samba e outros ritmos brasileiros — quanto religiosa, ligando-a para sempre à cultura afro-brasileira.

A segunda parte do samba aproxima-se muito da composição "Mineira", retomando o jogo entre a suavidade de termos anasalados, como "bambambã", "bamboleio", "balangandãs", e o jogo de corpo, próprio do remelexo do samba. A valentia da Clara guerreira une-se à ginga da malandragem, dos bambas, da gente que bambeia, mas não cai. O samba culmina então numa síntese plural da identidade cultural e musical de Clara: "Eu sambo pela noite inteira, até amanhã de manhã. Sou a mineira guerreira, filha de Ogum com Yansã!" Os termos não se confrontam, pelo contrário, sincretizam-se em uma "mestiçagem" cultural, fato muito caro à Clara intérprete e pesquisadora musical.

Se até esse momento o ritmo e o canto sempre aberto de Clara já mantinham o samba em alta, a parte final surpreende quando o coro feminino entra retomando o início da letra enquanto Clara, em tom declamativo, saúda, em pé de igualdade, orixás e os santos católicos aos quais foram sincretizados, além das demais entidades da umbanda.

Ressaltando a ligação pessoal de Clara com o que está sendo dito/cantado, destacam-se os versos: "Salve São Jorge Guerreiro, Ogum, Ogum lê, meu Pai!" e "Salve Santa Bárbara, Eparrei, minha mãe Yansã", quando vemos a cantora prestar respeito a seus protetores. Finda a saudação aos santos e orixás, Clara segue saudando o povo da rua formado pelos malandros, exus e pombajiras, as crianças (ou ibejis) e os pretos-velhos e pretas-velhas. Do meio desse vasto grupo, ela escolhe nomear apenas três:

> Salve os Preto-Velho
> — Pai Antônio, Pai Joaquim d'Angola, Vovó Maria Conga, Saravá
> E salve o rei Nagô.

Não é possível deixar de notar o cruzamento com o verso "Tira a mãe preta do cerrado, bota o rei congo no congado", de "Aquarela do Brasil", e as saudações ao final de "Guerreira" aos pretos-velhos. O cerrado representa o afastamento, o esquecimento. É preciso, pois, tirar as mães pretas, as mães de leite desse espaço, assim como retornar com o rei congo à sua festa brasileira, a congada, à qual mescla elementos das culturas portuguesa e africana, teatralizando a coroação do rei.

O canto de Clara surge luminoso na gravação. Cada palavra, cada entonação, é pronunciada de forma provocativa, impositiva. Clara faz de sua voz sua presença. Por isso a impossibilidade de outra cantora interpretar "Guerreira", a não ser como homenagem. No samba composto exclusivamente para a Sabiá não há espaço para nenhuma outra identidade vocal.

1. Chamando pra roda

Em vez de examinar separadamente as 13 faixas seguintes de *Guerreira*, optei por criar seções cujas composições dialogam entre si. Dessa forma, ao analisar a elaboração do repertório, teremos um registro amplo do disco e desse momento da carreira de Clara. Obviamente, nenhuma regra será amplamente satisfatória nem dará conta de todas as abordagens possíveis; muitas das músicas poderiam estar em mais de uma das divisões aqui criadas, inclusive.

"Luta e resistência" é o nome do primeiro grupo formado pelos sambas "Candongueiro" (Nei Lopes e Wilson Moreira), "Zambelê" (Catoni e Toninho Nascimento), "Jogo de Angola" (Mauro Duarte e Paulo César Pinheiro) e "Moeda" (Romildo e Toninho Nascimento). No segundo grupo, chamado "A batida do meu coração", está "Mente" (Paulo Vanzolini e Eduardo Gudin), "Ninguém" (Paulo César Pinheiro), "Amor desfeito" (Gisa Nogueira), e "Tu que me destes o teu cuidado" (Manuel Bandeira e Capiba). No último, "Minha gente do morro", "Outro recado" (Candeia e Casquinha), "Quem me ouvir cantar" (Aniceto da Portela) e "O bem e o mal" (Nelson Cavaquinho e Guilherme de Brito).

2. Luta e resistência

Temáticas, sonoridades e vozes identificadas às culturas afro-
-brasileiras, mas também ao ideário do Brasil mestiço, unificam
os sambas deste grupo, no qual poderíamos também incluir a
própria "Guerreira". Há nessas composições a tônica da resistência aos séculos da violência escravagista, ao apagamento
da memória pessoal e coletiva, à homogeneização da identidade. Corpo, canto, música, memória, tradição são alguns
dos termos que se interpenetram para servir como reexistência
ao passado escravocrata, mas também como sustentação ao
presente racista.

Em *Guerreira*, o disco, a ligação mais explícita com a religiosidade afro-brasileira está restrita à faixa homônima. Mas
é preciso entendermos que música e religiosidade negras não
estão nunca totalmente separadas, ainda mais quando falamos
no processo secular de luta e resistência. Para falar da história
do povo negro em terras brasileiras e da mestiçagem étnica e
cultural, Clara, aqui, escolhe os signos da luta e da memória.

"Jogo de Angola" e "Candongueiro", ambos partidos-altos,
podem ser vistos como momentos consecutivos da história da
presença negra no Brasil. O primeiro samba inicia-se com um
coro recordando o lamento dos escravos intercalado com o
som de um açoite. A junção dos elementos transporta o ouvinte

imediatamente para o Brasil colonial. Escrita como uma narrativa oralizada, à semelhança de várias composições gravadas por Clara, "Jogo de Angola" remonta ao passado quilombola, território emblemático da identidade negra, tendo a capoeira se tornado a "principal defesa do Negro na guerra/ Pelo que se chamou libertação".

No samba de Mauro Duarte e Paulo César Pinheiro, a capoeira Angola, o corpo negro, são marcas constitutivas de uma identidade negra obrigada a ser refundada fora do espaço coercivo da senzala, na direção do quilombo.

> Negro voltava pra argola
> No meio da senzala
> E ao som do tambor primitivo, berimbau, maraca e viola
> Negro gritava: Abre ala!
> Vai ter jogo de Angola
> ("Jogo de Angola")

O ritmo sincopado do canto de Clara, com destaque para o refrão, remete à própria capoeira Angola, primeira forma da luta popular nascida em terras brasileiras. "A dança guerreira" é apresentada como forma de resistência, mas também como elo unificador com a mãe África. A identidade assim se constrói a partir da memória, dos vínculos com o território de origem, elementos que deveriam ser também apagados no processo de escravização dos corpos e das mentes.

Uma análise puramente historicista consideraria inverossímil a presença de certos elementos da letra, como a listagem dos instrumentos musicais citados. Ao escolher o tambor, o berimbau, a maraca e a viola traz-se à cena a junção entre musicalidade e resistência, como também a presença formadora do conceito de "Brasil mestiço" defendido por Clara; tambor e berimbau africanos, maraca indígena, viola portuguesa. A luta não se resume ao enfrentamento e transforma-se também em resistência cultural, em apropriação e ressignificação dos signos pertencentes a outros grupos étnicos. E também na ginga — "corpo do negro é de mola" —, capaz de adaptar-se, escapar ao golpe marcado do outro, pelo movimento inesperado do corpo que confunde o adversário.

"Candongueiro" apresenta uma construção semelhante. No partido-alto de Nei Lopes e Wilson Moreira, a capoeira, como signo identitário e signo da resistência cultural, dá lugar ao jongo. O próprio título refere-se a um dos dois tipos de tambor usados no jongo, o outro, de som mais grave, é conhecido como caxambu.

A composição se inicia com a apresentação do enunciador. "Eu sou de Angola, bisneto de quilombola", tocando seu candongueiro. Não seria possível imaginar esse sujeito um herdeiro dos tempos narrados em "Jogo de Angola"?

Quando Clara escolhe cantar duas formas de saber comunais para a história presente, ela corrobora a ligação memorialística da cultura afro-brasileira mediada pela oralidade e pelo corpo. O sujeito aqui liga-se ao passado pelo saber transmitido: "Meu avô tocava jongo/ Pra poder se segurar." O jongo de Clara, Nei e Wilson não é uma descrição da dança de roda trazida de Angola, mas uma forma de desafio passada de geração em geração. O candongueiro "Bate jongo dia e noite/ Só não bate quando o açoite quer mandar ele bater, oi". Da mesma forma, o jongo resiste às investidas comerciais e só toca a partir do desejo de seu enunciador. Pelo menos aqui o jongueiro, descendente dos quilombos, é quem manda. Essa ligação entre passado e presente também é expressada pelos versos seguintes:

> Também não bate
> Quando seu dinheiro manda
> Isto aqui não é quitanda
> Pra pagar e receber
> ("Candongueiro")

Nem pela força nem pelo poder do mercado, o jongueiro, na voz de Clara, dobra a cabeça. Sua lição é de liberdade; a música, seu veículo.

A partir do *Canto das três raças* (1976), passamos a ver um maior número de composições questionadoras de uma nação fundada sobre o mito da harmonia racial. As culturas se contaminam — berimbau, maraca e viola —, mas a posição "dono da terra" permanece no comando.

"Moeda" e "Zambelê" refletem a resistência étnica e cultural por outra visada. Antes, porém, é preciso um esclarecimento sobre a autoria de "Zambelê". Na contracapa do álbum, a autoria é atribuída a Catoni e Rosa. Foi Vagner Fernandes, biógrafo de Clara, quem primeiro revelou os reais compositores do samba. Toninho Nascimento explicou a história em uma breve conversa que tivemos:

> A Clara Nunes disse pra mim e pro Romildo que só gravaria músicas minhas em parceria com o Romildo e músicas do Romildo em parceria comigo. Eu dei a letra de "Zambelê" para o Catoni, que a musicou, fez uma demo e deixou na editora da gravadora Odeon. O disco já estava fechado, e incluía "Peixe com coco", mas como houve um problema entre os compositores do "Peixe com coco",

a música saiu do disco. (...) A Clara foi então à editora da Odeon e falou com o seu responsável, o Cosme, que mostrou várias músicas e a Clara escolheu "Zambelê". Como o Catoni sabia da história da Clara comigo e com o Romildo, ele veio me perguntar como resolver a questão. Então eu lhe disse pra colocar o nome da minha esposa à época, a Rosa.

Romildo e Toninho criaram, ao todo, oito composições que foram sucesso na voz de Clara, entre elas "A deusa dos orixás", "Conto de areia" e "Fuzuê". É compreensível Clara desejar "controlar" a dupla vinda da ala de compositores da Portela. Essa pequena anedota também revela o lado ativo de Clara na escolha do repertório e na produção dos discos.

"Zambelê" e "Moeda" são dois sambas marcados por uma rítmica melódica potente e melancólica. Como explica Luiz Tatit, "toda inflexão de voz para a região aguda, acrescida de um prolongamento das durações, desperta tensão pelo próprio esforço fisiológico da emissão".[19] Em "Moeda", esse procedimento aparece já na primeira estrofe.

> Joga a moeda e vê qual a sorte que vai dar
> Se o destino é muito forte, a moeda é um corte
> Que dá pra morrer e se a vida é meia morte
> A morte só vem pra quem viver
> ("Moeda")

O samba começa com um dedilhar no violão, único instrumento acompanhando a voz de Clara nessa abertura mais

---

[19] TATIT, Luiz. "Elementos para a análise da canção popular". In: *Cadernos de semiótica aplicada*, vol. 1, n. 2. São Paulo: Unesp, 2003, p.8.

falada que cantada. Clara eleva as sílabas tônicas das palavras "sorte", "forte", "corte", produzindo no ouvinte um sentido de reiteração que culmina com "morte". A primeira estrofe é encerrada por um tambor calando as cordas, introduzindo o estribilho e dando o ritmo do resto do samba. A morte é interrompida na melodia e na letra para que o destino, a sorte, seja revelado.

Aberto o jogo do destino, a composição a seguir estrutura-se em seis estrofes intermediadas pelo estribilho. Cada uma das estrofes apresenta um dos elementos formadores do indivíduo — raça, terra, casa, enfeite, amor, cantiga —, apresentando ao ouvinte um sentido de formação identitária que passa dos elementos estruturais, como a negritude e a pobreza, ao íntimo. Como os protagonistas de "Jogo de Angola" e "Candongueiro", esse sujeito, não sabemos se homem ou mulher, identifica-se pela ancestralidade comum e se designa como um "produto" do trabalho da colonização: cana, café, ouro velho etc. Se a terra é um mosaico de pedra portuguesa pintada com sangue, a cantiga que fecha a canção "É oração das rezadeiras/ É o canto das lavadeiras". "Moeda" é dona dos mais belos e melancólicos versos cantados por Clara. Ao contrário de "Candongueiro", cuja melodia evoca a festa, a celebração, o samba de Romildo Bastos e Toninho Nascimento só confere alento ao ouvinte, e uma possível saída ao sujeito, ao celebrar a cultura e a religiosidade populares. A figa, a concha, o dengo, a reza surgem como singularidades desse sujeito excluído da sociedade, da própria terra. Nada mais Clara Nunes. Canto e fé vencendo a morte.

"Zambelê", como explica Toninho Nascimento, seria o nome de uma pomba branca. "E como Zambelê é um nome muito musical, e tem alguma coisa de negro, eu o usei como fio condutor da letra." A melodia de Catoni é marcada pelo violão de Valdir

Sete Cordas e arranjos remetendo a ritmos nordestinos, como o samba do Recôncavo Baiano e o coco.

O tema central é a perda, narrada a partir da aproximação entre o voo da pomba branca e a espera de Maria pelo regresso, provavelmente, do seu amor. A letra traz a circularidade dos elementos: o passado que nunca se encerra, o voo, a transformação do dia em noite etc.

Zambelê partiu pensando
No caminho de voltar
Mas o mundo foi rodando
E parou noutro lugar, lugar
("Zambelê")

A sonoridade da repetição do termo "o mar, o mar", em um dos refrões, se aproxima pela homofonia de "amar, amar", gera esse efeito de continuidade como a própria saudade prolongada. O círculo se referindo à espera, ao ato contínuo de narrar, ao mar sem fim e também às danças de roda da cultura brasileira.

3. A batida do meu coração

Nenhum tema é mais presente na música brasileira que o do amor desfeito. Paixões não correspondidas, ciúmes, traições, abandono transitam, respeitando as diferentes gradações de cada gênero, por samba, seresta, samba-canção, bossa nova.

Desde o início da carreira de Clara, sambas lírico-amorosos estiveram presentes pontualmente em seus discos. Essas primeiras gravações revelam uma cantora ainda presa à tradicional impostação vocal, quase irreconhecível para seus futuros fãs. Prova disso é a gravação de "Grande amor", de Martinho da Vila, no álbum *Você passa e eu acho graça* (1968). O excesso de naipes, o fraseado ainda em consonância com as divas do samba-canção obscurecem a beleza do samba, ainda preso a parâmetros ditados pelos boleros e pelo samba-canção. Em comparação, a gravação do próprio Martinho, apenas um ano depois, leva o samba de volta ao morro. A prosódia carioca, a harmonia conduzida pelos instrumentos de corda, a interpretação mais ao rés do chão evidenciam a beleza da letra e da melodia.

Por isso, mais importante que definir rigorosamente os gêneros musicais parece ser compreender a composição em conjunto com a interpretação e os arranjos. Compreender a gravação a partir não somente do ritmo, mas de uma escuta interessada capaz de captar o efeito causado por interpretações e gravações. Ou, como afirma Santuza Cambraia Naves, a respeito do samba-canção e da bossa nova, "o entendimento desses fenômenos musicais requer a busca dos detalhes, de gradações, e dispensa o uso de oposições rígidas".[20] Nesse sentido, "Grande amor" aproxima-se mais do samba-canção na voz de Clara, enquanto na interpretação de Martinho da Vila soa como samba de morro.

Sem dúvida, as vendagens dos álbuns pós-1970 foram impulsionadas pelos sambas de temática afro-brasileiras, mas não é possível ignorar que parte expressiva do repertório de Clara foi marcado por uma temática lírico-amorosa. Por vezes, a marca de "cantora de macumba" impediu que a própria crítica se interessasse por rever outros aspectos da carreira de Clara.

À época do lançamento de *Guerreira*, alguns jornais apontavam que a união, profissional e pessoal, de Clara e Paulo César Pinheiro havia tornado seus discos mais "sofisticados", afastando assim as camadas populares, identificadas mais com a imagem da "deusa dos orixás". Os discos produzidos por Adelzon Alves exploravam uma sonoridade mais crua, com arranjos e instrumentos percussivos característicos mais de um imaginário baiano, não raras vezes, ironicamente, compostos por sambistas ligados à quadra da Portela, como Romildo e Toninho Nascimento.

A parceria com Paulo César Pinheiro, iniciada em 1976, dois anos após se casarem, costuma ser analisada como um momento de expansão de sua carreira, com a presença de outros ritmos brasileiros e também de sambas lírico-amorosos.

---

[20] NAVES, Santuza Cambraia. *A canção brasileira — Leituras do Brasil através da música*. Rio de Janeiro: Ed. Zahar, 2015. p.22.

Ao lançar *Forças da natureza* (1977), Clara, na já mencionada entrevista à revista *Amiga*, assim rebate as críticas:

> É, estão dizendo que eu me intelectualizei, que estou sofisticada, não é? O Paulinho é o diretor artístico dos meus discos, assim ele coordena a gravação, os músicos etc. Mas a palavra final sempre foi minha. Se alguma coisa não me agrada, tem que ser mudada. Até mesmo se não gostar de uma composição dele, não incluo. Sempre foi assim com todos os produtores musicais.

Retomar declarações como essas é necessário para que a imagem de Clara como alguém direcionada pelos seus dois produtores principais se dissipe de vez. Em uma rápida olhada nas fichas técnicas dos discos produzidos por Paulo César Pinheiro, percebemos que o núcleo de compositores que esteve com Clara desde 1970 foi mantido, com acréscimo de nomes valiosos para a música popular, como Sivuca.

Em *Guerreira*, além dos sambas lírico-amorosos dos compositores do morro, Clara grava Paulo Vanzolini e Eduardo Gudin, Paulo César Pinheiro, Gisa Nogueira e o poema "Tu que me deste o teu cuidado", de Manuel Bandeira, musicado por Capiba. Em comum, estas composições apresentam um eu lírico que ora dirige-se ao objeto amado, como em "Mente", ora evidencia a condição solitária do amante, como em "Ninguém". A letra do samba-canção de Paulo Vanzolini e Eduardo Gudin apropria-se de um motivo comum à temática amorosa e a subverte. A mentira, fonte de engano, traição, revela-se como última e desesperada tentativa do apaixonado em manter o outro perto de si. "Pois na mentira, meu amor, crer, eu não creio/ Só pretendo que, de tanto mentir, repetir que me ama/ Você mesma acabe crendo."

"Ninguém" é a primeira composição sem parceiros da carreira de Paulo César Pinheiro. O arranjo inicia-se com um assobio sobreposto à marcação do pandeiro — "a batida do meu coração" — que percorrerá todo o samba enquanto ouvimos o reencontro inesperado com a amada, a revelação de que "o amor não havia morrido". A repetição do termo "ninguém", presente em quase todos os versos, reitera a sensação de abandono e isolamento espelhado no encontro com "alguém", o atual amor da mulher amada. Ao final, por proximidade, passa a significar o próprio sujeito "em total solidão".

Não há como não lamentar o quase total apagamento de Gisa Nogueira da memória do samba. Participante da ala de compositores da Portela, Gisa gravou seu primeiro disco, *Saldo positivo*, em 1978, pela EMI-Odeon.[21] Sem dúvida, reflexo do investimento que as gravadoras começaram a fazer em sambistas mulheres, depois do estouro de vendas de Clara Nunes. O disco é formado inteiramente por composições de Gisa e conta com a participação de seu irmão, João Nogueira. Clara gravou diversas composições de Gisa, como "Meu lema" (em parceria com João) e "Opção".

"Amor desfeito" pode ser lido em conjunto com "Outro recado" e "Quem me vê ouvir cantar". É significativo pensar que Clara escolheu para o mesmo álbum três composições que, em gradações diversas, atrelam o nascimento do samba ao fim da relação amorosa.

No caso de "Amor desfeito", o eu lírico tem clareza de como sua atitude não é inédita. Pelo contrário, ele/ela só cumprem a

---

[21] No início de 1970, a Odeon inicia uma parceria com a EMI. Mais tarde, a gravadora se tornaria subsidiária da EMI, até meados de 1990, quando o selo foi encerrado.

tarefa de todo sambista. Afinal, como dizia Vinicius de Moraes, "É preciso um bocado de tristeza/ Senão não se faz um samba não". E Clara, cantando Gisa, ecoa: "Mais um samba de amor/ Nasceu da dor do amor desfeito/ Mais um aperto no peito/ Mais um jeito sem jeito/ De sorrir pra não chorar."

As interpretações de Clara para "Mente", "Ninguém" e "Amor desfeito" são pungentes, controlando os limites do dramático. Aqui, vale uma parada na leitura e uma busca rápida na internet para escutar as versões de "Mente", a de Clara e a de Eduardo Gudin, lançada em *Coração marginal* (1978). Ao comparar as duas versões, vemos que enquanto Gudin opta por um andamento mais acelerado, colaborando para abrandar a dor da letra, Clara vai em direção oposta, ousando flertar com o travo amargo de versos como "Mente/ Ainda é uma saída/ É uma hipótese de vida", assumindo a proximidade com intérpretes do samba-canção. O que no começo de sua carreira aparece como um elemento fora do lugar, a imposição de um canto melodramático, independentemente do gênero musical, agora surge como mais um recurso de interpretação modulado pela voz límpida da Sabiá.

A última faixa do lado B, o tradicional encerramento do disco, é a modinha "Tu que me deste o teu cuidado." O poema foi publicado no primeiro livro de Bandeira, *Cinza das horas* (1917), marcado pelo tom simbolista e por uma escrita norteada por um "eu" melancólico, em permanente confronto com a morte. Muitos dos poemas dessa época foram escritos quando o poeta descobriu que sofria de tuberculose e precisou se isolar em estações de cura, dentro e fora do Brasil.

Capiba, por sua vez, tem seu nome ligado à história do frevo, mas também passeou pelo maracatu, pelo samba e pela canção. Vinicius de Moraes, Ascenso Ferreira, Jorge de Lima,

Carlos Drummond de Andrade foram alguns dos poetas cujos versos foram musicados pelo compositor pernambucano.

Na voz de Clara, o encontro de Bandeira e Capiba ganha contornos suplicantes à mulher amada: "Sê compassiva e benfazeja/ Dá-lhe o melhor que ele deseja/ Teu grave e meigo coração."

4. Minha gente do morro

A constante presença nos discos de Clara de compositores oriundos das quadras das escolas de samba, em especial da Portela, pode ser vista como a costura entre a busca por um repertório musical único, a valoração da religiosidade e as ligações culturais e afetivas mantidas com as comunidades de Oswaldo Cruz e Madureira, desde o início dos anos 1970.

Apesar de sambistas como Ataulfo Alves e Darcy da Mangueira já estarem presentes em seus primeiros álbuns, é sensível como essas gravações se perdem em meio à profusão de diferentes gêneros musicais e arranjos grandiloquentes que dificultam uma escuta apurada. Se o samba já constava dos primeiros álbuns, a intérprete de samba e a identidade musical alinhada ao conceito de "Brasil mestiço" ainda estavam distantes.

O contato pessoal com Martinho da Vila, Candeia, Nelson Cavaquinho, Toninho e Romildo, entre outros compositores gravados por Clara, guarda um elemento em comum. São indivíduos cuja participação na cena musical da época está intimamente ligada às quadras e ao convívio nas escolas de samba. O senso de comunidade, de ligação com as escolas, também encanta Clara, acolhida pela Portela. Lá, ela encontra seu particular "celeiro de heróis", como diz o samba de Casquinha e Candeia.

Dentre eles, alguns compositores se destacam: além da dupla Romildo Bastos e Toninho Nascimento, Mauro Duarte e João Nogueira, Candeia será um nome fundamental para a formação de Clara, criando clássicos como "O mar serenou" e "Minha gente do morro".

"Outro recado", de Candeia e Casquinha, é uma espécie de resposta a "Recado" (1964), primeira composição de Paulinho da Viola na Portela em parceria com Casquinha. Neste samba, a temática do rompimento amoroso surge em forma de aparente superação, apesar de os versos finais apontarem para o não esquecimento da amada. "Mas nas minhas madrugadas/ eu não esqueço dela, não." Casquinha, antigo portelense, é o elo comum entre as duas composições, demonstrando a importância da formação de novas gerações de compositores dentro das escolas.

O samba gravado por Clara faz referência a "Recado" desde o primeiro verso: "No recado que mandei a ela/ Eu dizia francamente, o nosso amor chegou ao fim." Retoma-se, assim, a conversa entre o desdobramento do amor dentro do samba, marcado pela solidão. Nesse novo capítulo, inicia-se a tentativa de reconquista da amada: "Preferi lutar heroicamente/ Mas não contrariar ao meu amor."

> Se ela errou
> Quantas vezes errei também
> Nenhuma satisfação dava a ninguém
> Se existe alguém por aí, quem jamais errou
> Atire a primeira pedra, pois nunca pecou
> ("Outro recado")

É pouco usual na temática amorosa do samba a figura do homem que perdoa a companheira por uma suposta infidelidade. O mais comum é vermos o mea-culpa masculino quando a mulher abandona o homem depois de inúmeras traições, pela troca do lar, pela boemia, ou então o canto amargurado quando a mulher surge como "ingrata", a que despreza o amor verdadeiro.

No entanto, a discografia de Clara Nunes nos mostra a repetição de um sujeito masculino, ou mesmo não identificado a partir do gênero, que usa o samba como um pedido para a volta da(o) amada(o), motivo que se repete em "Outro recado". Nessa linha, encontramos "Regresso", de Candeia, "Ninho desfeito", de Nelson Cavaquinho e Wilson Canegal, entre outros.

Em "Outro recado", o amor desse homem fala mais alto diante do próprio julgamento da sociedade: "Nada importará o que essa gente vier falar/ Fortes são aqueles que sabem perdoar." Recupera-se o erro como prova de humanidade e o amor como religião: "Se existe por aí, quem jamais errou/ Atire a primeira pedra, pois nunca pecou."

Ao escutarmos a gravação de Candeia no disco *Samba da antiga*, notamos como a diferença do andamento, a presença das pastoras, o arranjo valorizado pelos instrumentos percussivos aproxima essa versão do samba tradicional e alegre de morro, enquanto a gravação de Clara evidencia a própria voz da cantora e dá ao samba contornos dramáticos, seja pelo ritmo um pouco mais lento, seja pela impostação vocal da cantora.

Em *Guerreira*, a ligação com a escola de Oswaldo Cruz se fortalece na potente interpretação de "Quem me ouvir cantar", de Aniceto. Irmão de Manaceia e Mijinha (José Augusto de Andrade), Aniceto compôs uma série de sambas sobre o fim das relações, como "Desengano" e "Eu perdi você".

Aniceto usa um artifício narrativo presente nos sambas dos anos 1930. Como em "Outro recado", "Último desejo" (Noel

Rosa) ou "Quem me vê sorrindo" (Cartola), em que vemos um sujeito dividido entre a importância de manter a aparência inabalável e a tristeza pelo fim do amor.

> Quem me ouvir cantar
> Quem me ouvir sorrindo assim
> Desconhece a mágoa que está
> Dentro de mim
> ("Quem me ouvir cantar")

O canto surge como uma âncora, um disfarce, que adia a conscientização do abandono. "Ela não volta mais, ela não vai voltar, para o meu lar." Para reforçar essa sensação de confronto, o coro feminino entra justamente nesse verso e acompanha Clara durante toda a repetição da música.

Candeia e Casquinha, Aniceto, Nelson Cavaquinho e Guilherme de Brito formam nessa seção uma família de compositores ligados às escolas de samba, trazendo a temática amorosa para o repertório de Clara. Amor e samba nascendo nos morros da cidade pela voz da mineira.

Por isso também o desejo de encerrar a leitura de *Guerreira* com Nelson Cavaquinho. O poeta de Mangueira teve sete dos seus sambas gravados por Clara em seus álbuns de carreira: "Sempre Mangueira" (com Geraldo Queiroz); "Minha festa"; "Juízo final" (com Élcio Soares); "Palhaço" (com Washington Fernandes e Oswaldo Martins); "Ninho desfeito" (com Wilson Canegal); "Tenha paciência" e "O bem e o mal" (ambas com seu maior parceiro, Guilherme de Brito).

Como sambista, Nelson Cavaquinho transita pelo amor ao morro e à escola do coração, como em "Folhas secas" e "Pranto do poeta", e por registros de amor em que é possível destacar a oposição, quase filosófica, entre os elementos. A síntese final é do amor impossível, "o Sol não pode viver perto da Lua".

"Flor e espinho", "O bem e o mal", "Juízo final" são alguns dos sambas que tratam, quase religiosamente, do tema dos opostos inconciliáveis. O sujeito sofredor de Nelson Cavaquinho é alguém que faz do samba o lugar da tristeza, enquanto "Finjo-me alegre/ Pro meu pranto ninguém ver".

É interessante, aqui, essa junção de duas personas tão fortes como Clara e Nelson, associados, respectivamente, à alegria e à tristeza. A força do canto de Clara, como estamos vendo, não exila a solidão, o desamor — pelo contrário.

Em "O bem e o mal" temos novamente o par opositivo, além da referência explícita do título, impossível de encontrar conciliação pela própria "essência" dos sujeitos: "Tu és a treva/ Eu sou a luz/ Entre nós dois não pode haver a união."

Chama atenção na obra de Nelson a mistura de temas amorosos com uma imagética e dicção de base católica popular, que deveria tocar Clara. Na letra de "O bem e o mal" essa relação aparece mais uma vez.

> Eu não sei por que tu falas mal de mim
> Se eu tenho defeitos Deus me fez assim
> Mas tenho certeza do que me convém
> Entre o mal e o bem
> ("O bem e o mal")

A primeira parte se inicia com versos inspirados em ditados populares próximos ao espírito católico da fé no futuro. "Quem espera sempre alcança", "Quem planta o bem colhe o bem". Entra em cena a figura do "outro", que carrega consigo a traição, o poder de fazer o "eu" sofrer. É a "fé que me conduz" que afasta em definitivo o mal.

Clara escolhe o caminho da leveza nessa interpretação, em um tom em que sobressai a esperança, o sentimento de superação, posto em destaque pelo acompanhamento sutil dos elementos percussivos e pela relevância dos arranjos para as flautas. No final, temos um samba que, mais uma vez, deixa em evidência a técnica e a transparência da voz de Clara.

PARTE 3
"CANTA, MEU SABIÁ!"

Será que Oxalá com seus ciúmes
Quis sentir os seus perfumes
E ouvir o seu cantar?
("Clara Nunes")

A mulher que veio de Minas trazendo ouro em pó, como diz o partido-alto de Xangô da Mangueira, modificou a história do samba e abriu as portas, em definitivo, para as intérpretes nesse meio tão masculino e machista. Clara não só quebrou recordes de vendas, como garantiu para as cantoras e compositoras um espaço de respeitabilidade na indústria fonográfica. A partir de Clara, mulher passa a vender disco. E muito.

Os anos 1970, com a contribuição de Clara, foram tempos para a circulação de saberes e musicalidades produzidas no espaço das quadras e dos terreiros e escutadas em teatros, rádios, tevês, dentro e fora do Brasil. Clara pôs em movimento a força ancestral pelo seu canto e sua performance cênica. Um canto que é oferenda que revigora o axé.

Transformada em mediadora de territórios e temporalidades diversas, ela alarga as definições usuais de intérprete. A performance vocal, cênica, a pesquisa de repertório, a proximidade com os músicos e compositores, a escolha dos figurinos e adereços, o carisma permitem apossar-se das composições, tornando-se "parceira" dos compositores. Talvez o caso mais exemplar nesse sentido seja a gravação das parcerias de Romildo Bastos e Toninho Nascimento. Ouvir "Conto de areia" ou "A Deusa dos Orixás" é perceber também a assinatura imposta por Clara. Regravar seus sucessos, como fizeram Alcione, Fabiana Cozza e Mariene de Castro, entre outras, é dialogar com esta marca.

De forma simultânea, Clara inscreve corpo e voz em uma performance única, na qual os elementos perfazem um jogo lúdico e permutável entre si, ao mesmo tempo em que desafiam o ouvinte/espectador a responder com a palma da mão, com o canto em uníssono, com o corpo sincopado. Nas palavras de Paul Zumthor:

> *Performance* implica *competência*. Além de um saber-fazer e um saber-dizer, a performance manifesta um saber-ser no tempo e no espaço. O que quer que, por meios linguísticos, o texto dito ou cantado evoque, a performance lhe impõe um referente global que é da ordem do corpo. É pelo corpo que nós somos tempo e lugar: a voz o proclama, emanação do nosso ser.[22]

Não apenas o que é cantado, mas como esse canto ecoa no corpo de Clara e na ambiência criada, resulta em um ponto de virada para um novo patamar que unifica samba e religiosidade de matriz afro-brasileira. Assistido de forma transversal por representantes de todas as classes sociais, a performance de Clara entra na casa das famílias brasileiras ora como um

---

[22] ZUMTHOR, 2016, p.166.

reconhecimento das trajetórias pessoais, negras, ligadas aos terreiros, ora como algo que fascina a grande parte do público pela ambiguidade de admiração e estranhamento. Afirmar, de forma preconceituosa, que todo negro ou morador de morro é do santo, essa "superstição", no melhor dos casos, ou que tudo não passa de primitivismo ou charlatanice, são posições usuais de uma elite econômica carioca que se acostumou a ir à missa aos domingos, mas não se esquece de dar uma passadinha nos terreiros. O sucesso de Clara, de alguma forma, escancara a vinculação entre o canto da mulher, o sagrado e a diversidade musical brasileira.

A força da sua presença junto ao vazio deixado por sua inesperada morte, em 1983, explica as inúmeras homenagens que Clara recebeu, e continua angariando, desde sua partida. Em "Flor do interior", Manaceia, um dos grandes compositores portelenses, lamenta a partida da "guerreira do samba" e o vínculo afetivo entre Clara e a escola de Madureira: "A Velha Guarda da Portela/ Chorou, chorou/ Até hoje ainda chora/ Sua madrinha foi embora/ Só a saudade que ficou."

Mas é na comovente composição de João Nogueira, Paulo César Pinheiro e Mauro Duarte que presenciamos a narrativa de uma vida na qual música e religiosidade não se separam. "Um ser de luz" une os fios da história pessoal à religiosidade presente no cotidiano de Clara desde o momento do seu nascimento até quando "Ela se foi a cantar/ Para além do luar". O título refere-se a uma coluna do jornalista Artur da Távola, grande admirador da cantora, e que concedeu a Clara esse epíteto.

É importante ressaltar que na umbanda os guias ou espíritos de luz, caboclos, erês, pretos e pretas-velhas etc. desempenham o papel de orientação e proteção aos encarnados. Nessa biografia musical, Clara nasce mineira, filha de Ogum com Iansã, de pai modinheiro, mestiça, e agora renasce para se tornar um ser de luz, cuja missão é o canto. Se o canto é a missão da Sabiá, ele prolonga-se também além da vida terrena. No entanto, não é possível evitar a dor da despedida.

> Mas aconteceu um dia
> Foi que o Menino Deus chamou
> E ela se foi pra cantar
> Para além do luar
> ("Um ser de luz")

As imagens ligadas ao canto surgem em todas as estrofes do lamento — "Dona dos versos do trovador"; "Sua voz então a se espalhar", "Ela se foi a cantar/ Para além do luar" —, alinhavando a figura da artista à potência da voz que "espantava a dor" por onde passava e também transformando a morte de Clara não no fim, mas em encantamento. Nas duas últimas estrofes da composição, o cantador dirige-se a Clara. Alegria e melancolia tornam-se inseparáveis para os que ficam. Mas ao reconhecimento da perda une-se a evocação pela permanência do canto. E na última estrofe também a melodia parece querer alçar voo. "Canta, meu sabiá/ Voa, meu sabiá."

O voo e o canto de Clara continuam ecoando na atual música popular brasileira, no samba, no entrelaçamento entre as diversas religiões e expressões culturais brasileiras que encontram no ser de luz o perfeito sincretismo, em que as diferenças não desaparecem, não são subtraídas, mas somam-se em um todo complexo, sempre mutável e, por isso mesmo, vivo e potente. Saravá, guerreira!

Agradecimentos

Ao Toninho Nascimento pela disponibilidade e generosidade nas conversas sobre Clara e samba. Ao Luiz Antonio Simas, pela paciência diante das minhas dúvidas sobre a cruza entre música e umbanda. À equipe da Editora Cobogó, pelo profissionalismo e paciência, em especial a Isabel Diegues e a Fernanda Paraguassu.

Ao Fred Coelho e ao Mauro Gaspar, pelo convite para compor esse time.

Ao canto de Clara, trilha sonora deste livro e do meu caminhar.

O LP *Guerreira*

As canções

Lado A

"Guerreira"*
João Nogueira — Paulo César Pinheiro

"Mente"**
Eduardo Gudin — Paulo Vanzolini

"Candongueiro"**
Wilson Moreira — Nei Lopes

"Outro recado"***
Candeia — Casquinha

"Zambelê"*
Catoni — Rosa (conforme o disco)

"Quem me ouvir cantar"***
Aniceto da Portela

Lado B

"Jogo de Angola"*
Mauro Duarte — Paulo César Pinheiro

"Ninguém"*
Paulo César Pinheiro

"Moeda"**
Romildo — Toninho

"Amor desfeito"**
Gisa Nogueira

"O bem e o mal"***
Nelson Cavaquinho — Guilherme de Brito

"Tu que me deste o teu cuidado"***
Capiba — Poema de Manuel Bandeira

Ficha técnica

Direção de produção — Renato Corrêa
Produção executiva — Paulo César Pinheiro
Técnicos de gravação — Toninho, Dacy, Roberto, Serginho
Remixagem — Jorge Teixeira
Corte — Osmar Furtado
Foto — Ivan Klingen
Capa — Jatobá

Músicos

Dino — Violão de sete cordas
Wilson das Neves — Bateria
Luizão — Baixo
Alceu — Cavaquinho
Pedro Santos — Ritmo e voz africana

Marçal, Luna, Elizeu, Doutor, Cabelinho, Milton — Ritmo
Helinho — Violão
Joel — Bandolim
Neco — Violão
Menezes — Violão
Jorginho — Flauta
Jaime Araújo — Flauta
Mauro Senise — Flauta
Celso — Flauta
Copinha — Flauta
Azevedo — Trombone
Netinho — Clarinete
Maestro Nelsinho — Trombone
Dinorah, Eurídice, Zenilda, Zélia, Edgardo, Gelson, Roberto, Ronaldo, Evinha, Mariazinha, Regina, Jilçaria, Eunice — Coro
*Geraldo Vespar, **Ivan Paulo, ***Nelsinho — Maestros
Na música "Zambelê": Carlinhos — Cavaco
Valdir — Violão de sete cordas
Baterlau e Geraldo Bongô — Ritmo

Referências bibliográficas

BAKKE, Rachel Rua Baptista. "Tem orixá no samba — Clara Nunes e a presença do Candomblé e da Umbanda na música popular brasileira." In: *Religião e Sociedade*, vol. 27, n. 2. Rio de Janeiro, dez 2007.

COUTINHO, Jorge e Bayer, Leonides. In: *Noitada do samba — foco da resistência*. Rio de Janeiro: Arquimedes, 2009.

FERNANDES, Wagner. *Clara Nunes — guerreira de utopia*. Rio de Janeiro: Ediouro, 2007.

LOPES, Nei. *Novo dicionário banto do Brasil*. Rio de Janeiro: Pallas, 2012.

NAVES, Santuza Cambraia. *A canção brasileira — Leituras do Brasil através da música*. Rio de Janeiro: Ed. Zahar, 2015, p. 22.

SODRÉ, Muniz. *O terreiro e a cidade — a forma social negro-brasileira*. Salvador: Secretaria de Cultura de Turismo/Imago, 2002.

TATIT, Luiz. "Elementos para a análise da canção popular". *Cadernos de Semiótica Aplicada*, vol. 1, n. 2. São Paulo: Unesp, 2003.

ZUMTHOR, Paul. *Introdução à poesia oral*. Trad. Jerusa Pires Ferreira; Maria Lúcia Diniz Pochat; Maria Inês de Almeida. Belo Horizonte: Ed. UFMG, 2010.

Jornais e revistas

Jornal do Brasil. Rio de Janeiro, 16 set 1974, 23 abr 1975, 29 set 1975.
O Globo. Rio de Janeiro, 12 set 1974.
Revista *Amiga.* Rio de Janeiro: Bloch Editores, dez 1977.
Revista *Música.* São Paulo: Editora Imprima, n. 38, fev 1980.
Revista *O Cruzeiro.* Rio de Janeiro: Diários Associados, n. 2.427, 14 jan 1978.
Revista *Veja.* São Paulo: Editora Abril, n. 586, 28 nov 1979.

DVD

Clara Nunes — Os musicais do *Fantástico* das décadas de 70/80. EMI Music/Globo Marcas, 2009.

© Editora de Livros Cobogó, 2018

Organização da coleção
Frederico Coelho
Mauro Gaspar Filho

Editora-chefe
Isabel Diegues

Editora
Fernanda Paraguassu

Gerente de produção
Melina Bial

Revisão
Eduardo Carneiro

Capa
Radiográfico

Projeto gráfico e Diagramação
Mari Taboada

CIP-BRASIL. CATALOGAÇÃO-NA-FONTE
SINDICATO NACIONAL DOS EDITORES DE LIVROS, RJ

        Dealtry, Giovanna
D322g   Guerreira : Clara Nunes / Giovanna Dealtry. - 1. ed. - Rio de Janeiro: Cobogó, 2018.
        104 p. ; 19 cm. (O livro do disco)

        ISBN 978-85-5591-071-5
        1. Nunes, Clara, 1943-1983. 2. Música popular - Brasil - História e crítica. 3. Sambas. I. Título. II. Série.

18-53489   CDD:782.421640981
                                                                                  CDU: 784.4(81)

Vanessa Mafra Xavier Salgado - Bibliotecária - CRB-7/6644

Nesta edição, foi respeitado o Acordo Ortográfico da Língua Portuguesa de 1990, que entrou em vigor no Brasil em 2009.

Todos os direitos em língua portuguesa reservados à
Editora de Livros Cobogó Ltda.
Rua Jardim Botânico, 635/406
Rio de Janeiro — RJ — 22470-050
www.cobogo.com.br

O LIVRO DO DISCO

Organização: Frederico Coelho | Mauro Gaspar

The Velvet Underground and Nico | The Velvet Underground
Joe Harvard

A tábua de esmeralda | Jorge Ben
Paulo da Costa e Silva

Estudando o samba | Tom Zé
Bernardo Oliveira

Endtroducing... | DJ Shadow
Eliot Wilder

LadoB LadoA | O Rappa
Frederico Coelho

Daydream Nation | Sonic Youth
Matthew Stearns

As quatro estações | Legião Urbana
Mariano Marovatto

Unknown Pleasures | Joy Division
Chris Ott

Songs in the Key of Life | Stevie Wonder
Zeth Lundy

Electric Ladyland | Jimi Hendrix
John Perry

Led Zeppelin IV | Led Zeppelin
Erik Davis

Harvest | Neil Young
Sam Inglis

Paul's Boutique | *Beastie Boys*
Dan LeRoy

Refavela | *Gilberto Gil*
Maurício Barros de Castro

In Utero | *Nirvana*
Gillian G. Gaar

Low | *David Bowie*
Hugo Wilcken

Tropicália ou Panis et circensis
Pedro Duarte

Clube da Esquina | *Milton Nascimento e Lô Borges*
Paulo Thiago de Mello

2018

———————

1ª impressão

Este livro foi composto em Helvetica.
Impresso pelo Grupo SmartPrinter
sobre papel offset 75g/m².